JN096776

製配販の
在庫と事例

尾田　寛仁

三恵社

はじめに

2020年新春より、日本はもとより全世界が、コロナウイルス禍に陥った。人の生命に影響し、内外の顧客は動けなくなった。国内を見ていると、思うようにならない業界がある一方、上向く業界や会社もある。業務見直しから部門によってはテレワークになる。

来し方を振り返ると、数ある経営問題をそのままにしている。その一つに、在籍したメーカーや卸売業に在庫問題がある。クライアントも、在庫は一見単純だが、根深い問題であった。物流事業をしている時や、卸売業に勤務した時、関係各位から在庫に関する指摘を多くいただいた。その後、ある協会から在庫論を講義する機会を何度か頂いた。在籍した会社、取引先や関係先には大変お世話になった。関係各位に厚くお礼申し上げる。

会社の経営収支を良くする一つは、在庫を減らし、営業キャッシュフローを改善することだ。物流センターの在庫スペースも見直せる。一方、リスクへの備えが不足していた。災害や事故で、サプライチェーン(SC)が、国内でも国際間でも途切れてしまい、生産も物流もできなくなった。在庫の必要性を実感し、何日分の在庫があれば良いのか問い直された。コンティンジェンシー・プラン作成のきっかけなる。

日本の長期的な人口減少を背景に、RFID、IoT、AIやロボティクスを使って、物流は省人化・自動化に舵を切った。会社の枠を外して、消費者起点で考えてみると、SC全体を設計することが視野に入る。

『製配販の在庫と事例』を手にされた方が、在庫に関して関心を持

たれているテーマを拾い読みできるように、章毎に詳細な目次を付けた。この本は、次のように組み立てた。

　序章は、在庫を検討するに当り、マーケティングの視点を確認している。在庫は、商品と流通チャネルの二つに深く関わる。

　第1章は、在庫の基礎知識である。在庫データと選択された在庫方式の関係を計算式で説明できるようにした。できたら読者が抱えている在庫の課題を計算式で検証していただきたい。在庫量の適正化は、会社の経営方針と日々の業務の見直しにあるが、大事なのは、在庫をデータによってマネジメントすることである。

　第2章から第5章は、消費財の製・配・販の在庫実務の体験を事例に書き直した。小売業のマーケティングは、店舗が存在するエリアの消費者に根差している。消費者が生きていく上で行っていることをどうマーケティングしていくかである。マーケティングコンセプトの創出とともに、商品開発や業界を超えた流通チャネルの構築を図ることである。在庫管理上、定番売上では、製・配・販各々に関わる自動発注を取り上げた。前提を整えれば自動化は可能である。

　特売企画では、長年に亘り経験と勘を使い特売企画を提案してきた。それに代わるアプローチとして、市場データの分析と提案がある。新しい分野は、誰でも横一線であり、早くスタートしたものが有利である。

　第6章は、SC上、在庫はどうあれば良いのか。商品を使う消費者にとって最適なSCを考えることである。卸売業は、本来の力を発揮するのに一番近いところにいるはずである。

2021年2月記

目次

序章　マーケティングをイメージする

(1)マーケティング

　マーケティングには、2つの力が働いている。

　一つ目は、商品力である。商品は、消費者の好意度に依存する。消費者が商品を選ぶ時、商品の価値、機能や価格等に好意度を持っており、想起する同一カテゴリーのアイテムの中から選択する。

　T.レビットは、『マーケティング発想法』(1968年)で、次のように書いている。「人は、4分の1インチの穴を買うのであって、4分の1インチ・ドリルを買うのではない」。

　二つ目は、販売力である。消費財メーカーのマーケティングでいえば、販売とは、商品と消費者の「出会いの場」を作ることである。商品を購入する顧客作りである。顧客に直接会えるのは、販売であって、広告宣伝ではない。

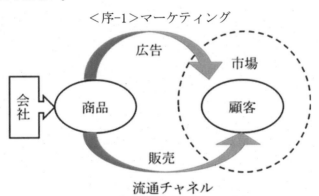

<序-1>マーケティング

流通チャネル
小売業売場＋ネットビジネス

(2)消費財の流通チャネル

　流通チャネルは、顧客作りを具体化する。それは、商品がメーカーから最終ユーザーに渡る迄の経路をいう。流通チャネルの構築は、会社が商品の特性と狙う顧客を総合的に判断して行う。経路作りには時間をかけと資金を投じており一旦出来上がるとなかなか変わらない。

　流通チャネルには2つの意味がある。

　一つ目は、商的流通である。商取引としての商流である。所有権の移転を伴う。

　二つ目は、物的流通である。モノの保管（在庫）や輸送に関する物流である。物流によって、商品と顧客の間の存在する空間と時間の差を埋めることが出来る。

　原材料や製品の供給と消費者の購買に至るサプライチェーン(SC)は、商品を供給する為に行われる業務の繋がりである。その繋がりは、メーカー、卸売業、小売業等の各企業に委ねられている。

　流通段階は、多段階であり、細密に専門化している。繊維産業が、典型である。長い歴史に中で、各会社が細かく分業化している。1985年のプラザ合意を契機に日本は円高・デフレになった。急激な円高によって日本の産業構造は大きく変わった。繊維産業は、輸出不能に陥った。一方で、SPA[1]が頭角を現した。SPAは、生産を外注化・ファブレス化し、流通構造をシンプルにした（序-2）。その結果、コスト構造が変わり、商品の店頭価格が下がった。SPAは、多段階型の流通構造の変革に繋がる。

注1)SPA: specialty store retailer of private label apparel 製造小売業と訳す。

<序-2>アパレル業界とＳＰＡ型の流通

ＳＰＡ型	伝統的流通構造
・SPAは、流通構造がシンプル（下図左） ・中間マージンを取られない 　→低コスト→低価格 ・企画から販売まで自社で決め、直接取引する 　外部工場に大量発注→商品の完全買い取り 　チェーン店開設の設備投資→リスクを負う	・流通が多段階（下図右） ・中間マージン発生 　→高コスト→高価格 ・リスクを分散する 　収益の安定化

<SPA型>　　　　　　　　　　　<アパレルの伝統的流通構造>

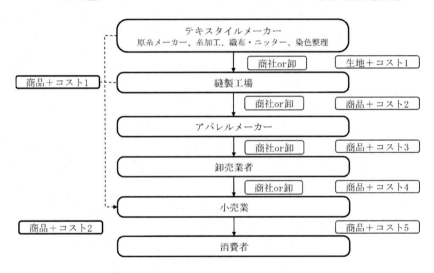

(3) 消費者の購買

　消費者の購買は、オムニチャネル化している。即ち、商品の情報とチャネルを選択できる。消費者は全てのメディアや通信販売等による情報と、"小売店の売場" ＋"ネットビジネス"で、あらゆるチャネルをその時々で選択できる。従って、購買の機会として、消費者

は、いつでも、どこでも買い物ができる。商品の入手は、好きな時に
好きな場所で、受け取ったり、届けてもらったりしている。

　オムニチャネルが進行すると実店舗はどうなるか。実店舗は、オン
ライン販売専業者に対して、「顧客情報」を掴むことで、二つの優位
性を手にする可能性がある。より良いサービスの提供として、自宅配
送のみならず、店舗での受け渡しという選択肢を提供可能である。

　顧客のパーソナル化を念頭に、小売業の経営活動の中心に「顧客」
を置く。小売業は、顧客情報(購買履歴、閲覧履歴、趣味嗜好等)を店
舗販売、オンライン販売やカタログ販売等に渡って手に入れられる。

<序-3>購買方法の変化

伝統的構造	"商品"	卸売業	小売業	消費者
	メーカー等が生産した商品	卸が扱う商品を絞り込み	売場規模に合わせた品揃え	消費者は選択購買

ネットビジネス	"商品" ←			消費者
	消費者は、欲しい商品をクイック一つで、手にできる 購買するための「時間」と「空間」を一気に短くする 消費者にとって、優しい購買手段になる。例:買い物難民の解消			

第1章　在庫を可視化・分析する

１．在庫管理の目的

(1)在庫とは何か

　在庫は、レ点読みすると、「庫(蔵)に在るもの」となる。倉庫の中に在るモノが、価値を持つことを意味する。モノが価値を持つとは、いつでも現金に換えることができることである。「モノ＝現金」が成り立つ。在庫は、会計では棚卸資産と呼ばれ、商品及び製品、仕掛品、原材料及び貯蔵品等といった勘定科目で貸借対照表の流動資産に記載されている。

　在庫は、将来の販売のために持っている商品等である。将来の商品の販売量を考えてから、生産量や仕入量を決める。従って、在庫量が決まる（在庫量＝見込生産量や見込仕入量－見込販売量）。

　将来の販売量を見込んで余裕ある持ち方をしたいと思うことから、過剰在庫になったりする。また、事故や災害の発生に備えて、在庫を抱えていると、うまく対応できることがある。逆に、販売の機会を逸するほど、在庫がなかったりする。

　在庫をしていると、商品の価値が時間の経過とともに失われていく危険がある。商品の旬な時期は短くなり、近年そのスピードがますます速くなっている。在庫を当て字で罪子(ザイコ)と書いたりするように、在庫をできる限り持たないことが良いこととされている。

(2)在庫管理の対象と範囲

　消費財が、生産メーカーから消費者に渡るのは、両者の間を卸売業や小売業、あるいは通販を介しているからである。

　生産や流通段階で、順次モノの形は変わる。その在庫を分類すると、生産過程では、原材料・部品から仕掛品、半製品、製品へと変化する。卸売業や小売業の流通過程では商品と呼ばれる。それに対応して在庫は様々な形態で存在する（下図）。

＜図表 1-1＞モノの流れと在庫

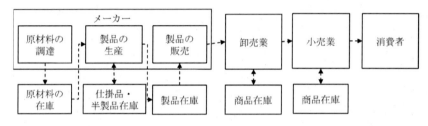

(3)物流から見た商品
①商品の荷姿

　在庫として商品を数える時、商品の荷姿が眼目である。荷姿には、単品(SKU[1])、内箱とケース等がある。

・単品のサイズ（縦・横・高さ、以下同じ）、容積(cm³)、質量(g)
・内箱のサイズ、容積、質量、単品の入数
・ケース等（外装：段ボール等）のサイズ、容積、質量、単品の入数

　商品には、バーコード状の JAN コードや ITF コードが印刷されている。単品は、JAN コード(13 桁又は 8 桁。国際的には GTIN-13)による。ケース等に印刷されている集合包装用商品コードは、ITF コード

注 1)SKU(stock keeping unit)は、形状、色、サイズ等の生産者や流通業者にとって最小単位で数えた商品の最小の管理単位。単品と訳す。POS が扱うのは SKU である。アイテム(item)は、品目と訳し、お客が識別できる商品の最小分類のこと。

(14 桁。国際的には GTIN-14)である。最近は、RFID(Radio Frequency Identification)が、衣料品等で活用されている。RFID を運用する時、電子タグの価格が高いのが難点である。

　人や設備は、商品名やバーコードによって商品を識別している。

②商品の搬送と輸送

　商品を搬送や輸送する代表例を挙げておく。

・パレット：T11(1,100×1,100mm、JIS 標準規格)、T12(1,200×1,000mm)、T13(1,400×1,100mm)、国際間では T12 が優勢である。

・カゴ車(ロールボックスパレット)主に小売業納品時に使用する。

　　1,100×800×1,700mm、850×650×1,700mm 等

・JR コンテナ(タイプ 19D/長さ 3,647×幅 2,275×高さ 2,252mm)等

・国際貨物コンテナ(タイプ 1AA/長さ 11,998×幅 2,330×高さ 2,281mm)等

・大型トラック：長さ 11〜12m×幅 2.5m×高さ 3.8m 等

　輸送機関別に積載するパレット枚数を記載する。

＜図表 1-2＞輸送機関別パレット積載枚数

パレット型	トラック11.25トン		JRコンテナ5トン19D		国際貨物コンテナ1A	
	パレット積載枚数	床面積載効率	パレット積載枚数	床面積載効率	パレット積載枚数	床面積載効率
T11型	16枚	93%	6枚	88%	20枚	88%
T12型	14枚	80%	4枚	58%	20枚	88%
T13型	12枚	88%	4枚	75%	16枚	88%

　商品を輸配送する上で、包装を標準化し、パレットに積み付けできれば随分合理化できる。棚卸で商品を数えることも楽になる。イケア社は、商品設計から生産・店頭販売迄一貫した商品荷姿にしている。

(4)在庫管理の目的

①目的の一

　「顧客サービス」の基本は、必要なモノを、必要な時に、必要なだけ供給することである。ジャスト・イン・タイムともいう。

A. 在庫は顧客サービスの為にある

　消費財は、見込生産である。製品在庫が幾つあればよいかを、メーカーの販売部門も生産部門も検討している。販売計画も生産計画も、いずれも見込みである。顧客の需要スピードに供給スピードを合わせる為に、メーカー・卸売業・小売業は在庫を抱えている。この為、製・配・販は、需要と供給の調整をすることになる。

　一方、受注生産においては、完成する製品は確定した受注数であるが、原材料や部品は見込みで在庫を持っている。

B. 在庫サービス率と品切れ率

　サービス率は、JISZ8121-1967 の定義に従うと、要求数量中納入期日内に納入された量の割合である。この意味から、在庫サービス率は、顧客が欲しいモノを、欲しい時に、欲しいだけ提供できる割合である。物流の波動は生産と違い大きいが、在庫サービス率の理想は、限りなく 100％である。在庫サービス率を決めることが在庫量を決めることになる。

　品切れとは、顧客が欲しい時に欲しいだけ供給できなかった状態である。その率を品切れ率とする。理想は限りなく0％になる。在庫サービス率と品切れ率の関係を、計算式に表すと、次のようになる。

　在庫サービス率＝１－品切れ率

例：在庫サービス率(0.995,　99.5%)＝１－品切れ率(0.005,　0.5%)

　小売業は、前述の「品切れ」の定義とは異なる。在庫の状態により「品切れ」と「欠品」に分けている。卸売業もそれに倣って対応している。品切れは、特定の商品が店舗の売り場にないが、店舗のバックヤードにある状態である。売り場に補充すれば、再び来店客は買える状態になる。欠品は、特定の商品が店舗のみならず、メーカーや卸売業に在庫がない状態である。消費財メーカー、卸売業や小売業では、受注に対して100%納品を目指している。

　計算式は、納品率＝１－欠品率　としている。

②目的の二

　在庫は、過剰にならず、かつ品切れを起こさないように適正にもつことが理想である。その為に、生産や流通に関わる各会社は、在庫適正化を目指して在庫管理を行う。

A. 過剰在庫の時

　在庫が過剰であると、在庫に投資した資金が過剰な在庫分だけ固定化し、投資に伴う金利が余分に発生する。又、在庫している商品の価格下落や、長期間在庫することで品質劣化や陳腐化を招き、不良資産化し易い。在庫商品が不良資産化すると、廃棄損が発生する。

B. 在庫不足の時

　在庫が不足していると、本来得られるはずの販売する機会を失う。このことから機会損失という。機会損失は、実際の販売数量を確定できないので、自社内では販売可能額は推定になる。取引先との間では、売上総利益額若しくは営業利益額で交渉することになろうが、いくらになるかを立証することは難しい。

③目的の三

　在庫が過剰になることで発生する余分な費用を削減することである。在庫費用は、在庫負担に関わって発生する費用である。例えば、倉庫費、荷役費、情報システム費、金利、保険料、税等である。過剰在庫時に、在庫費用が多く発生する。その時に発生する費用の典型は、倉庫費や金利である。

④在庫の見方は取引の形態や部門によって変わる

　小売業によっては、メーカーや卸売業に取引をしてやっているという無言の圧力を発している。従って、卸売業は、在庫が潤沢にあり、削減したいと思っていても、納品を優先する。

　また、会社内の部門によって在庫を見ている視点は異なる。在庫適正化を検討する時、各部門の対応になり勝ちである。例えば、卸売業の各部門は、在庫を次のように見ている。商品部門は、人気商品を大量にいち早く確保したい。メーカーのリベートを得る為に商品をまとめて仕入れたいと考える。販売部門は、顧客の多様なニーズに応える為、あらゆる商品ができるだけ潤沢に用意されていることが望ましい。欠品して得意先に迷惑をかけるよりは、在庫は十分にあった方が安心である。物流部門は、入荷した商品はなるべく早く出荷したい。売れない商品で倉庫スペースを専有したくない。

　いずれも人が判断していることである。判断する人の思惑があり、部門間や会社の利害が絡む。思惑や利害を介在させないように、チームワークで問題を解決できれば良い。組織間の力関係や壁等とは関係ないはずである。また、出荷データをベースに生産や販売をして、在庫を増減することが出来ればなお良い。

２．在庫管理は入荷と出荷に跨る

(1)在庫管理の基本アプローチ

①在庫管理の機能

　在庫管理の機能は、入庫管理、保管管理や出庫管理に関係する。物流センターの在庫管理に関わる機能を図解しておく。

<図表 1-3>物流センターの在庫管理機能

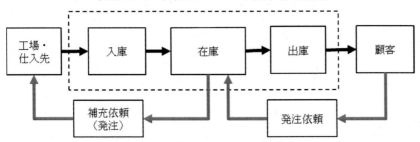

注)入荷・入庫、出庫・出荷の関係は、倉庫に「入る・出る」を起点にする。

②在庫管理を考える手法

　在庫管理を考える時の手法には３つある。

A.プロセスにはインプットとアウトプットがある。

　仕事は、インプット・プロセス・アウトプットの繋がりで説明できる。

B. フローは変化する状態、ストックは変化した結果をいう。

　　入庫や出庫はフローであり、在庫はストックである。

C. 会計恒等式（左辺＝右辺）が成り立つ。

　　在庫管理を考える時、下記の等式が成り立つ。

　　前在庫残＋入庫量＝出庫量＋当在庫残

前在庫残	出庫量
入庫量	当在庫残

③入出庫および在庫管理とデータの活用

　　入出庫と保管している在庫の状態を正確に把握する。

　　在庫を過剰や品切れにならないように管理する。

　　在庫に関わるデータを詳細に保管し、かつ活用する。

<図表 1-4>物流センターの在庫管理機能

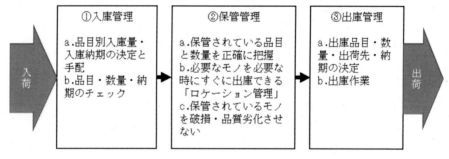

(2) 入庫管理

①入庫管理は、必要なモノが必要な時に必要な量だけ入庫されるように管理する。

　品目別の発注補充量や安全在庫量は、需要量（出庫量）とそのバラつき、補充頻度と補充リードタイム等で決める。

②品目・数量・納期・品質をチェックする。

　入庫時のチェックは、現物と持参された納品伝票、又は入荷先から送られてくる事前出荷データ(ASN : Advanced Shipping Notice)と照合する。賞味期限や使用期限管理、ロット逆転防止管理をする。

③入庫実績の正確な記録と報告をし、異常時に対応する。

(3) 保管管理

①在庫補充の管理をして、過剰や品切れを防ぐ

　保管している品目と数量を正確に把握する。

　　品目別在庫量の当残＝前残＋入庫量－出庫量

　保管している商品を破損・品質劣化させない。

　保管状態を記録し、報告する。在庫量異常の情報を発信する。

②必要な商品を必要な時にすぐに出庫できるようにする

　在庫を保管する場所すべてに「番地」を付けて、番地に従って、ロケーション管理する。即ち、「何を」「どこに」「どれだけ」保管しているかを管理する。ロケーション管理には、固定ロケーション方式とフリーロケーション方式がある。

A. 固定ロケーション方式は、商品を特定の番地に固定保管する方式である（指定席方式）。固定ロケーション方式は、モノが常に一定の場所にあるので、入庫や出庫の際に保管場所を見つけやすい。

　全アイテムの最大在庫量（「補充量＋安全在庫」46頁）を保管できるスペースが必要になる。在庫量の変動によりスペースの過不足が発生することがある。

B.　フリーロケーション方式は、商品と番地の関係を自由に設定する方式である（自由席方式）。具体的には、入庫の都度、空いた場所に入庫する。同一のモノが分散して複数箇所に保管されるので、保管場所は変化する。各アイテムの「補充量÷2＋安全在庫」の数量を保管するのに必要なスペースで足りると考えられており、保管効率は高められる。コンピュータの活用によりモノと保管場所を紐づけたロケーション管理をすると、モノの保管場所を容易に見つけられる。

<図表1-5>保管設備の外観

自動倉庫（パレット保管）

パレットラック（重量棚、パレット保管）

中量棚（ケース、ピース保管）

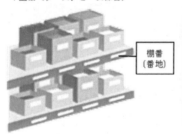

棚番
（番地）

オートストア（ケースorピース保管）

ケース多段シャトルサーバー

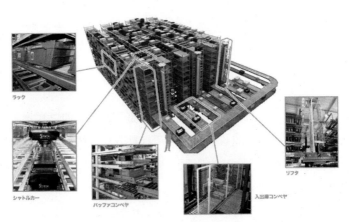

ラック

シャトルカー

バッファコンベヤ

入出庫コンベヤ

リフタ

③保管設備は、保管量・保管容積、保管効率、入出庫頻度、作業生産性、安全・環境面と保有コストから設備能力を検討することである。在庫型物流センターの時、建屋の規模、設備等にも大いに関係する。

(4)出庫管理
①出庫品目・数量・出荷先・納期の決定と出庫作業
　顧客の要求に基づき輸送リードタイムを考慮して出庫作業をする。
　ピッキングリスト（品目、数量、出荷先の指示表）を作成する。通常、ピッキングリストは、電子化され、担当者の HT や設備等に送信される。
②出庫結果の記録と報告
　出庫した品目数量を記録し、関係部門に報告する。
　出庫対象品目の異常（品切れ、品質不良）がある時、速やかに対策をする。

③シングルピッキング（order picking system）

　ピッキングには、シングルピッキングとトータルピッキングがある。

　シングルピッキングは、納品伝票等により「摘み取り方式」で納品先（顧客）別に商品をピッキングする。納品伝票単位に行われるので、オーダー完結型（受注＝納品）になる。

　シングルピッキングの課題は、同じ商品を納品先別にピッキングするので、納品先からの同じ商品の受注行数分だけピッキングを繰り返すことになる。その為に移動距離が長くなる。対応として、ピッキングの対象となるアイテム数と出荷量によって設備を選択する。アイテム数が1千アイテムの時と1万アイテムの時、いずれもピッキング間口は固定しているが、ピッキングの摘み取り設備は変わる。

・アイテム数が1千の時、デジタルピッキング設備等

・アイテム数が1万の時、ハンディターミナルやピッキングカート等

④トータルピッキング（pick and assort system）

　トータルピッキングは、複数の納品先の受注を商品別に合計して、商品毎の合計数を摘み取り方式でピッキングする。その後、納品先別に種蒔方式で仕分ける。その為、商品のタッチが、2工程になる。例えば、受注時刻を午前と午後に分けて、受注の締め切りの都度、商品別摘み取りをして、納品先別種蒔をすることで完結する。

⑤ピッキング方式の選定

　シングルピッキングとトータルピッキングの選定は、
アイテムヒット率＝ピッキング数÷延アイテム数　をベースにする。

　アイテムヒット率が2.5～3ピース/アイテム以上の時、商品別摘み取り方式を行い、納品先別種蒔方式にする。

2.5～3 ピース/アイテム未満の時、納品先別摘み取り方式にする。

また、ピッキング方式別に作業時間合計を比較してみる。作業時間が短くなる方を選択することになる。

<図表 1-6>摘み取り方式の設備の例

ハンディター　　　　　デジタルピッキング　　　摘み取りピッキングカート
ミナル

<図表 1-7>種蒔方式の設備の例

種蒔用ハンディター　　　　ピースソーター　　　　　　ケースソーター
ミナル

種蒔ピッキングカート

(5) 保管エリアと出庫エリアを分ける

　商品を保管エリアに在庫していれば、そこからケースピッキングや
ピースピッキングの作業はできる。工場の倉庫では、保管エリアから
ケースピッキングが行われている。

　ダブルトランザクションは、ケースやピース毎に保管エリアと出庫
エリア（ピッキング作業が主）を分けるやり方である。

　この方式だと、保管と出庫を分離するので、出庫エリア分だけ面積
は増加する。また、保管エリアから出庫エリアへの補充作業が新たに
発生する。

　ダブルトランザクションが良い点の一つ目は、各作業の生産性向上
が図れる。例えば、出庫エリアのピース作業は、移動距離が減少する
ので、作業の生産性が上がる。ピース作業のように軽作業化するので、
パート作業の比率が向上する。

　二つ目は、フォーク作業と人の作業が分離されるので、交錯するこ
とが無くなり、安全確保が図れる。

　三つ目は、在庫削減ができる。なぜならば、出庫エリアには、出庫に
必要な在庫を保管しておけば良いからである。例えば、出荷の1週間
分を出庫エリアに保管して、出庫作業を行う。一方、保管エリアは、
出庫エリアの保管用であるから商品毎になくなるまで在庫補充は必要
ない。保管エリアの在庫がなくなった商品は、工場から出庫エリアに
補充すればよい。いわゆる、在庫補充型の生産に変えることが出来る。
従って、保管エリアの在庫は、いつかは必要なくなるので、保管エリ
アのスペースを他に使うことも、保管エリアそのものを無くすことも
できる。別な見方は、両者の作業時間合計を比較してみる。

<図表 1-8>ダブルトランザクションのイメージ図

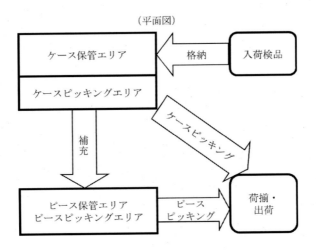

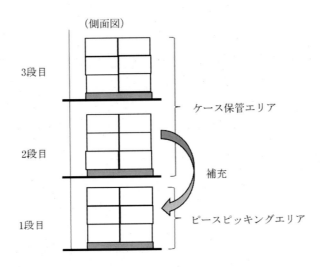

出所『物流管理ハンドブック』湯浅和夫編著、2003 年 7 月 2 日、PHP 研究所一部修正

(6)WMS と在庫管理システム

①在庫管理システムは WMS に組み込まれている

　在庫管理システムは、在庫管理を支援するシステムである。在庫管理システムは、在庫に関する入庫・出庫・在庫データを記録・保管、在庫量の過不足分析、発注補充量の計算等を支援する情報システムである。倉庫管理システム（WMS：Warehouse　Management　System）に組み込まれていることが多い。

<＜図表1-9＞倉庫管理システム（WMS）と在庫管理システム

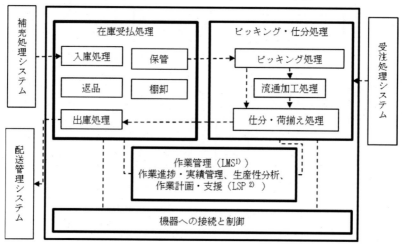

注1）LMS: labor management system
注2）LSP: labor scheduling program

②保管間口と出庫間口

　ダブルトランザクションでは、前述の通り、保管場所とピッキング場所は別にする。ロケーション管理では入荷の都度、商品の保管（間口）と出荷場所（間口）を決める。

３．出荷と発注補充

１）出荷

(1)出庫量とそのバラつき

　在庫は、将来の販売の為に持っている商品である。それに従うならば、商品の出庫動向を分析することが、在庫の持ち方を検討する第一歩である。即ち、出庫データを分析するのは、顧客からの発注データであり、品目と数量が分かるからである（だれが何をいくつ発注したか。Order Entry, Item, Quantity）。EIQ 分析と言ったりもする。

　出庫動向を観察・分析・判断するには、4 つの手法がある。折れ線グラフ、平均、ヒストグラム、正規分布である。

　折れ線グラフにすると、時系列でデータの変化がわかる。平均、ヒストグラムや正規分布にすると、データの断面がわかる。平均は、個別データが平均と比べて多過ぎるか、少な過ぎるかがわかる。ヒストグラムは、データのバラつき具合が度数分布で一目瞭然である。正規分布は、平均に対する分布状況が分かる。

　データをより理解をするには、他のデータと比較してみることである。例えば、自社内の過去の実績(前年)や予算と比較してみる。あるいは、他社の実績やベストプラクティスと比較してみることである。

(2)出庫データを分析する

　出庫データを 4 つの手法で分析するに当り、1 ヶ月間の出庫データを仮設として設定する（次頁）。

＜図表 1-10＞仮設：品目 A1 のある月の日別出庫実績

日	1	2	3	4	5	6	7	8	9	10
出庫数	49	37	66	55	35	51	67	28	82	56
日	11	12	13	14	15	16	17	18	19	20
出庫数	45	48	46	84	16	58	40	36	35	46
日	21	22	23	24	25	26	27	28	29	30
出庫数	42	74	79	34	3	55	50	52	66	28

（最大値 84、最小値 3）

①折れ線グラフ

　折れ線グラフは、日々の出庫量の動きを時系列で可視化する。仮設のデータを下図のように折れ線グラフにすると、日別の出庫波動を分析し、判断することになる。出庫波動とその見込みは、物流センターを手当てする時、土地、建物、設備、庫内運営人数、配送台数等の規模や能力設定に繋がる。また、出庫の動向は、需要予測に繋がる。

＜図表 1-11＞「仮設」の日別出庫実績を折れ線グラフにする

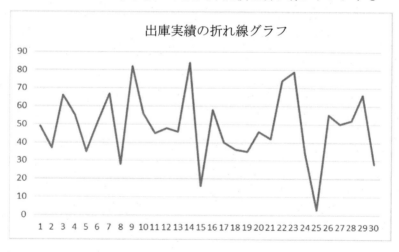

②平均値

　平均値(mean、記号μ ミュー)は、「平らに均す」という言葉から来る。データを要約する時、平均値を使うことが多い。メリットは、知名度があり、分かりやすい。デメリットは、データにゆがみ、例えばデータが最大値や最小値に偏している場合、適切に情報を伝えられないことがある。

　仮設の日別出庫実績の平均値を求める。出庫数合計 1,463 個である。出荷日数 30 日で除すると、平均値 48.8 個/日になる。

　平均値を求める式を表す。

$$\text{平均値} \quad \mu = \sum_{i=1}^{n} x_i / n$$

i＝1 : i＝1 は、1 から始まることを意味する。ここでは、1 日からスタートする。

n : データの総数が、n 個あることを意味する。ここでは i＝1 日から n＝30 日迄の 30 日間である。

　　又は、総和(Σ)を n 個で割って、平均値 48.8 個/日を求める。

x_i : x_i は各データの値を指す。ここでは日別の出庫量を意味する。例えば、i＝1 の時、49 個。i＝2 の時、37 個である。

Σ : Σ(シグマ)は総和の意味である。データ x_i を i＝1 から n＝30 迄全て足すことである。ここでの総和は 1,463 個になる。

μ : μ は平均値の意味である。総和 1,463 個÷データの総数 30 日＝48.8 個/日　　と計算する。エクセルの関数 AVERAGE から計算できる。

③ヒストグラム

　ヒストグラムは、度数分布図である。横軸は統計資料を分類した階級に分け、縦軸に階級毎の度数を取る。

　仮設では、出庫量を 10 個単位の階級にして、階級毎の頻度（度数）をグラフ化する。

　ヒストグラムは、エクセルで作成できる。

<図表 1-12>「仮設」のヒストグラム

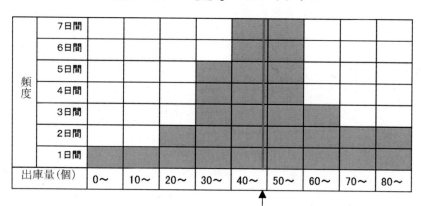

平均 48.8 個

④正規分布

　正規分布とは、さまざまな社会現象や自然現象で当てはまる一般的な分布である。正規分布は、左右対称な釣り鐘型の分布をしている。

<図表 1-13＞正規分布の例

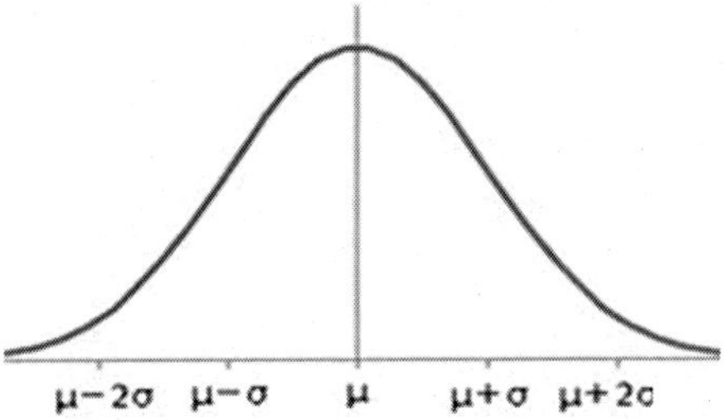

　正規分布の例として取り上げられるのは、次のようなものがある。
・人の身長のバラつき
・ある駅の１日当りの乗降客数（休日を除く）
・サイコロを何回も投げた時の出目の合計の分布
・大規模な模試の点数分布
・出庫量のバラつきは、経験的に正規分布に従う等
　（特売等の意図的な販売がない時に限る）

　正規分布は、平均値（μ）と標準偏差（σ）で分布が決まる。平均値は、正規分布の中心となる値である。平均値は、正規分布では確率が最高になる。平均から離れるにつれて穏やかに低くなっていく。
　標準偏差は、データのバラつきの大きさを表す指標である。出荷の

実態から在庫を検討する時、なくてはならない指標である。

　標準偏差の求め方は次の通りである。

A. 平均値を求める（$\mu = \sum_{i=1}^{n} x_i / n$）　　（式の意味は平均値の項を参照）

B. 各データと平均の差（偏差という）を求める（$x_i - \mu$）

C. 偏差を二乗した合計を求める（$\sum_{i=1}^{n} (x_i - \mu)^2$）

D. C の合計から平均値を求める（分散という）（$\sum_{i=1}^{n} (x_i - \mu)^2 / n$）

E. 標準偏差 σ（シグマ）は、分散の平均値から正の平方根を計算する。

　標準偏差 $\sigma = \sqrt{\sum_{i=1}^{n} (x_i - \mu)^2 / n}$

　標準偏差 σ は、エクセルの関数 STDEVP から計算できる。

【例題 1】図表 1-10「日別出庫実績」のデータの標準偏差を求める。

＜ヒント＞上記 A から E の計算手順に従えば解答できる。

A. 出庫数の平均、B. 偏差、C. 分散合計値算出、D. 分散の平均値算出、

E. 標準偏差算出の順で求める。

【回答欄】図表 1-10「日別出庫実績」の標準偏差を求める。

日	①出庫数	③＝（①ー②）²偏差と分散算出	日	①出庫数	③＝（①ー②）²偏差と分散算出	④＝③合計÷日
1	49	$(49-48.8)^2 = a$	16	58	$(58-48.8)^2 = 84.64$	
2	37	$(37-48.8)^2 = b$	17	40	$(40-48.8)^2 = 77.44$	
3	66	$(66-48.8)^2 = c$	18	36	$(36-48.8)^2 = 163.84$	
4	55	$(55-48.8)^2 = d$	19	35	$(35-48.8)^2 = 190.44$	
5	35	$(35-48.8)^2 = e$	20	46	$(46-48.8)^2 = 7.84$	
6	51	$(51-48.8)^2 = 4.84$	21	42	$(42-48.8)^2 = 46.24$	
7	67	$(67-48.8)^2 = 331.24$	22	74	$(74-48.8)^2 = 635.04$	
8	28	$(28-48.8)^2 = 432.64$	23	79	$(79-48.8)^2 = 912.04$	
9	82	$(82-48.8)^2 = 1,102.24$	24	34	$(34-48.8)^2 = 219.04$	
10	56	$(56-48.8)^2 = 51.84$	25	3	$(3-48.8)^2 = 2,097.64$	
11	45	$(45-48.8)^2 = 14.44$	26	55	$(55-48.8)^2 = 38.44$	
12	48	$(48-48.8)^2 = 0.64$	27	50	$(50-48.8)^2 = 1.44$	
13	46	$(46-48.8)^2 = 7.84$	28	52	$(52-48.8)^2 = 10.24$	
14	84	$(84-48.8)^2 = 1,239.04$	29	66	$(66-48.8)^2 = 295.84$	
15	16	$(16-48.8)^2 = 1,075.84$	30	28	$(28-48.8)^2 = 432.64$	
			合計	1,463	③ 10,137.40	④ 10,137.40÷30 ＝337.91
			平均	② 48.8		
			標準偏差			⑤

解　③a.0.04、b.139.24、c.295.84、d.38.44、e.190.44、⑤18.4

【例題 2】品目 A2 の日別出庫数は次の通りである。平均値及び標準偏差を求める（最大値 67、最小値 28）。

日	1	2	3	4	5	6	7	8	9	10
出庫数	49	37	66	55	35	51	67	28	65	56
日	11	12	13	14	15	16	17	18	19	20
出庫数	45	48	46	60	30	58	40	36	35	46
日	21	22	23	24	25	26	27	28	29	30
出庫数	42	63	64	37	38	58	53	55	69	31

【解】品目 A2 の標準偏差を求める。品目 A1 と品目 A2 の標準偏差を比較する。

比較項目	品目 A1	品目 A2
①出庫数合計	1,463	1,463
②出庫数平均	48.8	48.8
③＝(①－②)^2 偏差と分散の合計	10,137.40	4,373.4
④＝③合計÷30 日　分散の平均値	337.91	145.78
⑤標準偏差	18.4	12.1

　品目 A1 と品目 A2 の出庫数の合計と平均は同じである。しかし、両者をグラフ、若しくは最大値・最小値で比較するとわかる通り、出庫数の日別バラつきが違うので、標準偏差は異なる。即ち、品目 A1 は 18.4、品目 A2 は 12.1 となり、出庫数のバラつきが少ない方が標準偏差は小さくなる。

＜図表 1-14＞品目 A1 と品目 A2 の標準偏差の比較

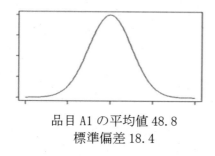

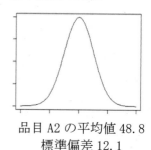

品目 A1 の平均値 48.8
標準偏差 18.4

品目 A2 の平均値 48.8
標準偏差 12.1

　データのバラつきが大きいと、標準偏差は大きい。従って、分布のすそ野が広がる。

　データのバラつきが小さいと、標準偏差は小さい。従って、分布のすそ野が狭くなる。

標準偏差の「68%　95%ルール」

標準偏差は、グラフにすると、下図のようになる。即ち、標準偏差が±1σであればその「区間に入る確率」が68.2%内になり、「区間から外れる確率」は31.8%である。標準偏差が±2σであればその区間に入る確率が95.4%内になり、区間から外れる確率は4.6%である。

それを「68%　95%ルール」と言う。

区間に入る確率＋区間から外れる確率＝100%。

＜図表 1-15＞標準偏差のグラフ

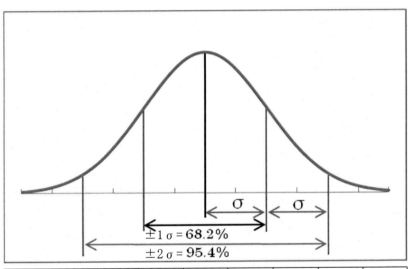

標準偏差	-4σ	-3σ	-2σ	-1σ	1σ	2σ	3σ	4σ
発生確率	0.2%	2.1%	13.6%	34.1%	34.1%	13.6%	2.1%	0.2%
±1σ		15.9%		68.2%			15.9%	
±2σ		2.3%		95.4%				2.3%

仮設の出庫量は、平均値 μ ＝48.8個、標準偏差 σ ＝18.4個である。

$\mu-2\sigma$	$\mu-1\sigma$	μ	$\mu+1\sigma$	$\mu+2\sigma$
12.0個	30.4個	48.8個	67.2個	85.6個

　及び図表1-15より言えることは、次のことである。

$\mu+1\sigma$ の時：$\mu+1\sigma$ ＝67.2個より多い出庫数となる確率は15.9％

$\mu+2\sigma$ の時：$\mu+2\sigma$ ＝85.6個より多い出庫数となる確率は2.3％

この事から、次のように言える。

$\mu\pm1\sigma$ の時、"あるデータ"が、30.4個〜67.2個内に含まれる確率は68.2％である（68％ルール）。

$\mu\pm2\sigma$ の時、"あるデータ"が、12.0個〜85.6個内に含まれる確率は95.4％である（95％ルール）。

　以上のように、標準偏差の「68％　95％ルール」を理解しているとデータ分析の範囲が広がる。

　また、標準偏差のグラフから、$\mu\pm1\sigma$ 、$\mu\pm2\sigma$ ・・を「区間の幅」とし、各々「区間に入る確率」及び「区間から外れる確率」とする。平均 μ を中心に標準偏差 σ がプラスマイナス何個分の区間だと何パーセントの割合であるのかをまとめると、下表のようになる。

区間の幅	$\mu\pm1\sigma$	$\mu\pm1.96\sigma$	$\mu\pm2\sigma$	$\mu\pm2.58\sigma$	$\mu\pm2.81\sigma$
区間に入る確率	68.26％	95.0％	95.44％	99.0％	99.5％
区間から外れる確率	31.74％ (約1/3)	5.0％	4.56％ (約1/20)	1.0％	0.5％
区間の幅	$\mu\pm3\sigma$	$\mu\pm3.29\sigma$	$\mu\pm3.48\sigma$	$\mu\pm3.89\sigma$	
区間に入る確率	99.74％	99.9％	99.95％	99.99％	
区間から外れる確率	0.26％ (約1/400)	0.1％	0.05％	0.01％	

(3)受注量と物量予測

①物量予測は再現性次第

　発注する側が、発注量を決める。従って、受注側が受注アイテム、受注量、納品日時や納品箇所を事前の了解なしに変えることはしない。出荷波動（出荷のバラつき）は、そのまま受け入れることになる。

　物流部門は受注を受けてからが、仕事開始である。業務サイクル上日次処理であり、日次の受注量が多かったり少なかったりする。庫内作業を当日中に終わらせる為に、受注量が多い時に備え、常に人を多く抱えがちになる。物流部門は、仕事の仕方が受動的になる。

　小売業からの発注には、周期性と振幅性がある。周期性とは、月別波動や、曜日別波動をいう。振幅性は、物量の山谷を指す。例えば、小売業の消費財の発注は、売場別曜日別発注が代表的なパターンである。例えば、店舗の売場を薬、化粧品、日用品の３つに分け、薬は月・木、化粧品は火・金、日用品は水・土の各々週２回ずつ曜日別に発注するパターンである。

　年間で言えば、２月と８月（ニッパチ）は、売上高が低い。新規出店を除くと、小売業各社の月別売上指数に、同様のパターンがある。

　受注量を今年と前年の同月同曜日で比較すると、高い相関性がある。因みに、二つの物流センターで、曜日別のピース出荷累計本数の相関性[1]を調査した。二つの年度の出荷累計本数を横軸（201X 年）と縦軸（201Y 年）にして比較し、日別出荷量を 45 度線上にプロットする。A物流センターでは、相関係数は 0.9976、45 度線上の傾きは 0.981 となった。B 物流センターの相関係数は、0.9985、45 度線上の傾きは

注 1)相関分析は、エクセルのデータ分析/相関から計算できる。

1.1845 と、相関係数も傾きもほぼ 1 になった。

　過去の事実を発見して、将来に起こるであろうことを予測してみようとなる。受注量の周期性と振幅性から、再現性があると判断した。再現性があるならば、予測可能になる。物量が予測できれば、それに伴って投入する作業人時を計画できる。

　ここから、物量を予測することや、作業を計画することが考えられる。他に、突発する災害や事故、季節や天候要因に影響されることがある。物流部門は、受動的な仕事のやり方から、主体的に仕事に取り組むことが可能になる。

②予測手法

　過去の物量データから将来を予測する手法は、いろいろある。過去の時系列データは、連続型と非連続型（間欠型）の二つに分かれる。

　連続型は、トレンド型（上昇傾向、下降傾向）、周期性型、不規則型に分かれる。この分類方式に従えば、物流拠点の受注量は、連続型・周期性型になる。一方、非連続型は、周期性型と不規則型がある。非連続型・不規則型の典型として、店舗別アイテム別の売上数量がある。

　過去の物量の時系列データを使って予測する時、移動平均法、指数平滑法、相関分析、回帰分析等が使われる。

　移動平均を使う目的は、時系列データの推移を読み取りやすくする為である。時系列データに対して直近の n 個のデータの平均を計算して新しいデータにする。このやり方で、元のデータの特徴を残したまま、ある程度滑らかなデータを得ることが出来る。この計算を移動平均という。下記例題のデータを 3 日間の移動平均をすると、3 日目は(3+4+2)/3=3、4 日目は(4+2+6)/3=4、5 日目は(2+6+4)/3=4、6 日目は

(6+4+5)/3=5・・・となる。

	1日	2日	3日	4日	5日	6日	7日	8日	9日	10日	11日	12日	13日	14日
データ	3	4	2	6	4	5	6	7	5	9	10	14	12	13
移動平均			3	4	4	5	5	6	6	7	8	11	12	13

　指数平滑法は、時系列データから将来値を予測する際に利用される時系列分析手法である。得られた過去データの内、より新しいデータに大きなウェイトを置き、過去になるほど小さな（指数関数的に減少する）ウェイトを掛けて移動平均を算出する加重平均法の１つである。在庫管理で定期発注方式における発注量予測によく用いられる。単純な指数平均法（１次式）の計算式は、次のようになる。

　　予測値＝α×前回実績値＋（1－α）前回予測値

　　　　　＝前回予測値＋α×（前回実績値－前回予測値）

　前回の実績値が予測値からどれほど外れたかを算出する。それに一定の係数αを掛けて得た修正値を、前回予測値に加減して今回の予測

値を出す。過去予測値の影響度を決定するのが、係数 α（平滑定数）で、$0 < \alpha < 1$ の範囲で設定する。α が 1 に近いほど直前の実績値を重視し、0 に近いほど過去の予測を重視することになる。

(4)物量予測の勘所

　物量予測にあたり、過去データを検証する。その手順は次の通りである。

①過去 2 年間の出荷実績を、日別・荷姿（ケース、ピース、オリコン）別に記録する。

②日別物量の波動が、周期性と振幅性で再現性があるかどうか検証する。

　店舗が発注する基本行動をみると、四つの要素がある。

A. 曜日別に店舗の発注・納品サイクルを繰り返す

　店舗では、従業員が発注をする。発注時の検討事項は、売場にある商品の在庫の有無である。店頭に在庫がなければ、発注をする。

　最近、自動発注する小売業が多い。自動発注になってからは、定番化アイテムの在庫有無を総当りするので、発注アイテム数が増え、アイテム当りのピース発注数が減る。

B. 売行きで検討される

　店舗の発注は、土日の売上構成比が高く、かつ販促計画もあるので、土日に備えて発注する傾向にある。また、月の下旬は給与支給日と重なるので、購買がさらに進むと想定されている。

C. 仕入先への支払締日がある

　支払締日によって、店内の在庫量と発注量が左右される。締日前は

店舗の在庫は圧縮され、締日後に発注をする。

D. 本部発注がある

　メーカーや卸売業の販売政策と小売業との取組によって、本部発注する時がある。本部が、店舗に仕入量まで割り当てる時と、店舗に仕入量の決定権を持たせている時がある。最近は、本部発注より、店舗発注にしている。

③日別波動を、前年同月同曜日に重ねてみると、再現性の傾向がわかる。

④予測物量の誤差と対策

　物流の現場は、日次業務が主体であり、作業は日々完結する。月間合計物量では、予測値と実績値との差はほとんどなくても、日次物量では予測と実際の差がある。日次物量の予測には、誤差が付き纏う。

　従って、誤差対策をしておかないと仕事が完了しないことがある。現在の予測精度でいえば、10％前後の誤差が生じ得る。庫内作業や配送の物量が10％多くなった時、投入する作業人時数や増車台数を計算して、作業計画に織り込んでおくことである。10％少ない物量の時、いかに早く仕事を終わらせるかが、生産性の要である。

２）発注補充

（1）補充頻度と補充量

　在庫量の違いは、出庫が一定であれば、発注補充の補充頻度と補充量の違いによる。補充頻度は、補充依頼から入荷迄のリードタイム [1] によって決まる。リードタイムを短くして補充頻度を多くし、１回当りの補充量を少なくすると、在庫は少なくなる。但し、補充回数が多くなり、手配に係る補充費用がかさむ。

逆に、リードタイムを長くして補充頻度を少なくし、１回当りの補充量を多くすると、在庫は多くなる。但し、補充回数が少なくなり、手配に係る補充費用が減る。（補充回数と補充費用は 55 頁〜60 頁参照）

<図表 1-16>補充頻度と補充量は在庫に関わる

在庫量	入庫		補充回数と補充費用
	補充頻度	補充量	
少	多	少	多
多	少	多	少

　以上の関係をグラフにすると、次頁のようになる。補充頻度が多い・少ないは、補充のリードタイムが短い・長いに関係する。

　リードタイムが短いことは、補充頻度が多いことであり、在庫は少なくなる。リードタイムが長いことは、補充頻度が少ないことであり、在庫は多くなる。

注 1）補充リードタイム（LT）は、補充手配をしてから入庫する迄の時間。一般的には、日単位で設定する。補充のリードタイムには、事務、情報、生産、輸送のリードタイムがある。LT が短くなることは、多頻度補充になり、トラック 1 台当りの輸送量は減少する。
　補充リードタイムを平方根にする理由は、出庫量が標準正規分布に従って、標準偏差にされているので、補充リードタイムも平方根にしている。

＜図表1-17＞補充頻度と在庫量の関係グラフ

①リードタイム短→補充頻度多→在庫少

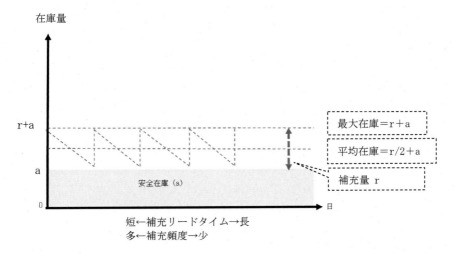

短←補充リードタイム→長
多←補充頻度→少

②リードタイム長→補充頻度少→在庫多

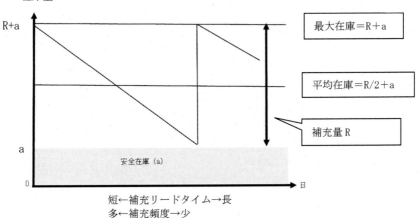

短←補充リードタイム→長
多←補充頻度→少

　図表1-17のグラフに使われている計算式は、次の通りである。

最大在庫＝補充量＋安全在庫

平均在庫＝補充量÷2＋安全在庫

　在庫量の多少は、補充量と補充頻度や、安全在庫量によることを意味する。（安全在庫は53頁～54頁参照）

(2)在庫の補充方式

　在庫の補充方式は、補充のリードタイム時期を決定する補充のタイミングと補充量の組合せで4つに分類される。補充のタイミングは、決まった時期（定期）又は不定期に補充するかである。補充量は、定量若しくは不定量である。

<figure>
<figcaption>＜図表1-18＞在庫補充方式</figcaption>

在庫管理		補充量	
		定量（決まっている）	不定量（決まっていない）
補充タイミング	定期	【定期定量補充法】 定期的に同じ量ずつ発注する 例：毎週月曜日に1ケース 　　毎月1日に1000個	【定期不定量補充法】 決まった日に発注するが、発注量はその都度必要量を検討して決める。 現在、最も多く採用されている発注法。
	不定期	【不定期定量補充法】 同じ量ずつ発注するが、発注時期は不定期。 ツービン法（補充点と補充量を同量とする方式）、三棚法等があり、目で見て管理できる。	【不定期不定量補充法】 発注する量も時期も決まっていない。 変化への対応力が最も強い。

</figure>

出所：『ロジスティクス管理2級テキスト』「第6章在庫管理」140頁～151頁。

①不定期定量補充法

　不定期定量補充法は、補充点（発注点）という在庫量が決った点を切ったら、予め決められた定量を補充する方式である。この方式は、比較的安価で需要量が安定しており、補充リードタイムが短い品目に

適している。補充点と補充量が適切ならば、余り手間をかけなくても、適正在庫を維持することが出来る。

　運用する上で、補充点方式とダブルビン方式（ツービン方式）がある。補充点方式は在庫量が補充点を切ったら、定量を補充手配する方式である。ダブルビン方式は、図表1-18を参照する。運用上、設定した補充点と補充量(定量)は、需要の状況に応じて定期的に見直す。

<図表1-19>補充点方式の在庫の動き

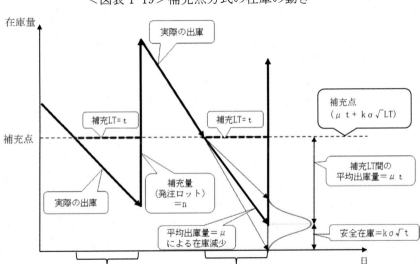

補充点＝補充リードタイム中の平均出庫量＋安全在庫

　　　　＝1日当りの平均出庫量×補充リードタイム＋安全在庫

補充量＝$\sqrt{\dfrac{2 \times 1 回当りの補充費用 C \times 年間需要量 D}{在庫費用係数 d \times 在庫品目の単価 p}}$

　　　　＝$\sqrt{(2 \times 補充費用/回 \times 需要量/年) \div (在庫費用係数 \times 単価)}$

②定期不定量補充法

　定期不定量補充法は、定期的に補充必要量を計算して補充する方式である。補充量は一定ではなく、計算の結果変動する。補充量は、2つに分けられ、予測型(Push型)と実需型(Pull型)である。

　予測型は、補充量を需要予測や出荷予測等の予測に基づく方法である。代表的には、発注点（補充点）や安全在庫を予測と予測誤差より決定する。在庫が、発注点に達したら予測量を発注する方式である。生産工場で採用されているようだ。

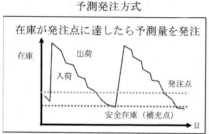

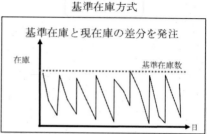

　実需型には、代表的には「基準在庫方式」がある。この方式は、アイテム毎に基準在庫量を決めておき、定期的に基準在庫量と現在庫量の差分を発注する方式である。

　基準在庫量は、発注から納品迄のリードタイムと納品サイクルから何日分の在庫が必要か、そして販売数量の分布で決定する。

　　補充依頼数＝基準在庫量－当日在庫量

　定期補充間隔は、毎日・毎週・毎月という例が多く、週に2～3回という例もある。

卸売業や小売業の場合、アイテム毎の出荷量が少なく、アイテム毎に出荷量を予測することが困難なことから、基準在庫方式をとる。

　卸売業と小売業の間で行われている売場別曜日別補充の例を、水土補充(店舗発注)パターンで示す。即ち、水曜日に金曜日納品の補充数（売行き3日分の補充）依頼を行う。土曜日に火曜日納品の補充数（売行き4日分の補充）依頼を行う例である。

<図表 1-20>定期不定量補充法の例

店舗作業	水	木	金	土	日	月	火	水	木	金
補充(店舗発注)	○			○				○		
店舗納品			○				○			○
(売上日数分を予測)	①	2	3	①	2	3	4	①	2	3

　店舗売行き数を2個/日と仮定した時、在庫数、補充依頼数と店舗納品数の推移は、下表の通りである。

　基準在庫数14、発注点6とする。

　当日の補充依頼数＝基準在庫数‐当日在庫数　による。

<図表 1-21>在庫数、補充依頼数と店舗納品数の関係

	水	木	金	土	日	月	火	水	木	金
店舗の売行き数	2	2	2	2	2	2	2	2	2	2
在庫数	6	4	10	8	6	4	8	6	12	10
補充依頼数	8			6				8		
店舗納品数			8				6			8

③不定期不定量補充法

　卸売業では、メーカーへの定番商品発注方法として不定期不定量補充法を採用する。これは、需要の変動に対応し、発注日と発注数を決めていない発注方法である。メーカーへ商品を発注するにあたり、在庫数が発注点を下回った場合、何個発注するかという在庫設定値（最大在庫数、発注点、安全在庫数）を設けている。

　在庫設定値は、仮設として、最大在庫数630、発注点500、安全在庫数400とする。

　当日在庫数(当残)が発注点500を下回ると発注し、翌日入荷する。

　発注数＝最大在庫数630－当日在庫数

例A. 当日の在庫数501個の時

　　最大在庫数・・630個

　　発注点・・・・500個＜当日の在庫数501個→発注なし

　　安全在庫数・・400個

例B. 当日の在庫数490個の時

　　最大在庫数・・630個

　　発注点・・・・500個＞当日の在庫数490個→発注あり

　　安全在庫数・・400個

　　発注数140個＝最大在庫数630個－在庫数490個

<図表 1-22＞定番商品を不定期不定量発注法で発注する

在庫数が発注点 500 を下回る時、当日の在庫数（当残）を斜体字にしている。実務に倣い、発注後、翌日には入荷することにしている。

日程	在庫数	出荷数	発注数	入荷数	備考
1 日	590	100	0	0	当残 590-100+0=翌残 490
2 日	*490*	100	140	0	当残 490-100+0=翌残 390 発注数 140=630-490
3 日	*390*	100	240	140	当残 390-100+140=翌残 430 発注数 240=630-390
4 日	*430*	200	200	240	当残 430-200+240=翌残 470 発注数 200=630-430
5 日	*470*	100	160	200	当残 470-100+200=翌残 570 発注数 160=630-470
6 日	570	100	0	160	当残 570-100+160=翌残 630
7 日	630	100	0	0	当残 630-100+0=翌残 530
8 日	530	100	0	0	当残 530-100+0=翌残 430
9 日	*430*	100	200	0	当残 430-100+0=翌残 330 発注数 200=630-430
10 日	*330*	100	300	200	当残 330-100+200=翌残 430 発注数 300=630-330
11 日	*430*	100	200	300	当残 430-100+300=翌残 630 発注数 200=630-430

（3）定番売上と特売企画売上の在庫

　卸売業や小売業の販売には、定番売上と特売企画売上がある。

　定番商品とは、取扱商品が店舗の売場の棚に割当てられている商品である。特売商品とは、定番棚以外の注文（期間特売、催事、スポット等）をいう。

　定番商品には、在庫設定値を設定する。在庫設定値とは、最大在庫数、発注点、安全在庫数の3つである。

①最大在庫数は、定期不定量補充法に倣い、基準在庫量を設定する。受注何日分の在庫数にするか、又は、何日分の出荷に対応できる在庫数にするかを指す。ロケーションの物理的な許容数の意味ではない。

　最大在庫数＝平均出荷量×在庫保有日数

②発注点は、在庫数がこの値を下回った時に発注をする値である。

　在庫数が発注点を下回った時は、次の通りに計算し、発注する。

　発注数＝最大在庫数－当日の在庫数

　最大在庫数と発注点の幅を大きくすることで、発注数は増加する。発注回数が少なくなり、発注と入荷のリードタイムが長くなる。

　逆に、最大在庫数と発注点の幅を小さくすることで、発注数は減少する。発注回数が多くなり、発注と入荷のリードタイムが短くなる。

③安全在庫数は、欠品しない必要最小限の値を指す。

　詳細は、次項「3）安全在庫」を参照する。

3）安全在庫

　安全在庫(Safety Stock)は、在庫サービス率を維持し、需要やリードタイム等の数量や時間の不確実性に伴う品切れを防ぐ為に必要な在庫である。従って、安全在庫は、補充リードタイムの期間内に見込まれる出庫量に必要な在庫に、さらに加算して持つ。

(1)安全在庫の設定

　過去の出荷実績を平均出庫量＝μ個/日、出庫量の標準偏差＝σ、補充点＝平均出庫量(μ)×補充リードタイム(t)＋安全在庫　とする。

①在庫がa（補充点)まで減少した時点（○）で補充手配をする時に、補充リードタイムt日後の在庫(b)の減少量を予測する。

　t日後の在庫(b)は、b（＝a－μt）を平均値とした標準偏差$\sigma * \sqrt{t}$の正規分布になる。

②bを0に設定すると、正規分布の半分が0未満になり、50%の確率で品切れが発生する。品切れ率をより低くし、サービス率を上げるには「安全在庫($k\sigma\sqrt{t}$)」を持つことになる。

＜図表1-23＞安全在庫の設定

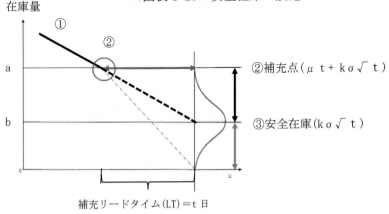

(2)安全在庫の計算式

安全在庫＝安全係数×出庫量の標準偏差×$\sqrt{\text{補充リードタイム}}$

（SS＝k＊σ＊$\sqrt{}$t）

　安全係数(k)は、要求される在庫サービス率(＝1－品切れ率)によって設定する。安全係数は、標準正規分布のプラス側である。安全係数が高くなるほど、安全在庫量もそれだけ大きくなる。従って、品切れ率（品切れ危険率）は低くなる。

　例えば、安全係数を k=2.33 にすると、標準正規分布表より品切れ危険率(品切れ率)は、1％、在庫サービス率は、99％になる。

サービス率	95%	96%	97%	97.72%	98%	99%	99.87%
品切れ率	5%	4%	3%	2.28%	2%	1%	0.13%
安全係数(k)	1.64	1.75	1.88	2.00	2.05	2.33	3.00

　安全在庫を削減する方法は、安全在庫の計算式(上記)から、
まず、安全係数を下げて、在庫サービス率を低下する。
次に、出庫量の標準偏差、即ち、出庫量のバラつきを小さくする。
最後に、補充リードタイムを短縮すること等がある。

　日用品業界のメーカー、卸売業と小売業の間は、納品率で縛られているので、安全係数は高い。過剰在庫の遠因になる。

　単品毎の出庫量を見ると、大いにバラついているが、受注数（出庫量）は受注側の都合で変更できない。

　補充リードタイムは、受注後、翌日若しくは翌々日出荷になっている。こうしたことから、少量多頻度の配送になっているので、トラック当りの実車率や積載率は低い。製・配・販各々の補充リードタイムを長くできないかを検討することはできる。

４）在庫に関する総費用の算出

(1) 在庫の年間総費用

　年間総費用＝在庫費用＋手配費用　と定義できる。

＜図表 1-24＞補充費用の考え方

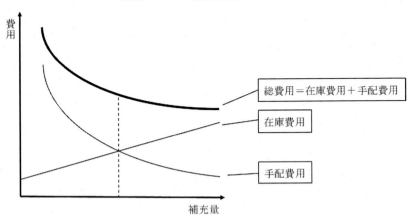

A. 在庫費用の内訳

A1. 保管費用は、自社倉庫費用、賃借倉庫の借庫料や営業倉庫の保管料
等にかかる費用である。在庫量が増減しても、自営倉庫や賃借倉庫の
面積を増減することはできないので一定額になる（固定費）。

A2. 資本コストは、在庫投資に掛かる金利である（金利は変動費）。
　在庫費用の増減は、金利の増減になることが多い。

A3. 在庫リスク費用は、次のようなリスクに掛かる費用である
　廃品リスク：在庫の品質劣化や価格下落による廃棄損、評価損、
　損傷リスク：保管中のダメージによる廃棄損、評価損、消耗損、
　盗難リスクや移送リスク。

A4. 在庫サービス費は、保険料や税である。

在庫費用＝　A1　＋　A2　＋　A3　＋　A4　又は、

在庫費用＝在庫費用係数[1]×商品単価×平均在庫量[2]

B. 手配費用の内訳

　手配費用は、補充手配の人件費や伝票発行等のコンピュータ処理費である。従って、手配費用は、補充量が多いほど、補充量1件当りは安くなる。補充量と手配費用は、反比例の関係である。

補充量1件当りの手配費用が決まると、手配費用は次のようになる。

　手配費用＝補充量1回当りの手配費用×補充手配の回数

　補充手配の回数＝需要量/年÷1回当りの補充量

(2)年間総費用の計算

①計算式

年間総費用＝在庫費用＋手配費用　　から詳細にすると次の通り。

年間総費用＝在庫費用係数[1]×商品単価×平均在庫量[2]

　　　　　　＋手配費用/回×補充手配の回数

　$E = d \times p \times (R \div 2 + a) + c \times (D \div R)$

　(E:年間総費用、d:在庫費用係数、p:商品単価、

　平均在庫＝R÷2+a、R:1回当りの補充量、a:安全在庫、

　c:手配費用/回、D:需要量/年)

　補充量 $R = \sqrt{2cD \div dp}$　　(47頁参照)。

注1)在庫費用係数は、在庫金額に対して1年間でどれだけ費用が掛かるかの係数。メーカーでは在庫金額の20%〜30%と言われている。ここでは在庫費用係数 d ＝0.25(25%)とする。

注2)平均在庫 AS＝補充量÷2+安全在庫　(AS=R÷2＋a)

②年間総費用の例題

年間総費用を算出する。

年商(10百万円/年＝単価 p 1,000円×需要量 D 10,000個/年)、

日商(27.4千円，27.4個/日)、手配費用 c /回(2,000円/回)、在庫費用係数 d 0.25、安全在庫 a 98個、補充リードタイム2日とする。

補充量は、R=$\sqrt{2cD/dp}$ より400個。平均在庫量は、R÷2＋a より298個。

補充点は、μ t＋k$\sigma$$\sqrt{LT}$ (27.4×2＋98) より153個。

年間総費用は、E＝d×p×(R÷2＋a) ＋c×(D÷R)より124,500円。

③微分による補充費と在庫費の最小化の計算例

【例題1】M卸売業では洗剤が1,000ケース/月売れる。仕入れた洗剤の倉庫保管料は、1ケースにつき10円/月である。最低の在庫量（安全在庫）として200ケースは維持する。補充作業費は、500円/回かかる。在庫を少なくして保管料ができるだけかからないように仕入をしたい。1回に何ケース発注すれば、補充作業費と倉庫保管料の合計総費用を最小にできるか。

<図表1-25>例題の時間経過と在庫量の推移

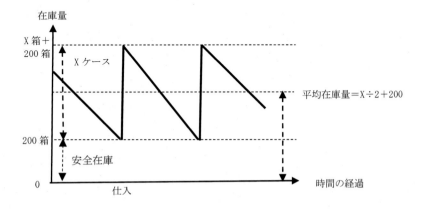

【解】前頁の図は、X ケースを仕入れた時の在庫量の変化を表している。

①倉庫保管料の算出

　　平均在庫量＝1 回当り補充数 X ケース÷2＋200 ケース・・・・・(A)

　　1 ヵ月当り保管料＝(X÷2＋200)×10 円・・・・・・・・・・ (B)

②補充作業費の算出

　　1 回当り補充数が X ケースの時、

　　補充回数＝1000 ケース÷X ケース/回・・・・・・・・・・・ (C)

　　1 ヵ月当りの補充費＝(1000÷X)×500 円/回・・・・・・・・ (D)

③総費用 Y は、保管料(B 式)＋補充費(D 式)であるので、

　　Y＝(X÷2＋200)×10＋(1000÷X)×500・・・・・・・・・・・(E)

④総費用 Y が最小となるのを微分で求めればよい。

　　(E)を変形すると、Y＝$500000 \times X^{-1} + 5X + 2000$ ・・・・・・・・(E′)

　E′を微分すると、Y′＝$-500000 \times X^{-2} + 5$ ・・・・・・・・・・(F)

最小化するのは傾きゼロになればよいから、$-500000 \times X^{-2} + 5 = 0$

　　$500000 \times X^{-2} = 5$

　　$X^2 = 100000$

　　$X = 316.22$

よって、316 ケースずつ発注すれば最小のコストになる。

補充量	補充回数	在庫量	保管料	補充費	総費用
316 ケース	3.2 回	358 ケース	3,580 円	1,600 円	5,180 円

【例題2】保管料を 10 円/月、補充費を 100 円/回とした時、補充量はいくらになるか？

【解】例題 2 の計算結果は下表の通り。

補充量 $Y=(X \div 2+200) \times 10+(1000 \div X) \times 100)$ より 141 ケースになる。

補充量	補充回数	在庫量	保管料	補充費	総費用
141 ケース	7.1 回	271 ケース	2,710	3,550 円	6,255 円

(3) 安全在庫、補充点、補充量の例題

＜例題①の設定値＞1 日当り平均出庫数 μ＝48.8 個/日、出庫数標準偏差 σ＝18.4 個、補充リードタイム t＝7 日、安全係数 k＝2、年間需要量 D＝$\mu \times$365 日＝17,812 個、在庫費用係数 d＝0.25、在庫品目の単価 p＝1,000 円、1 回当りの補充費用 C＝2,000 円

【問 A】補充量はいくつになるか？

【解】

$$補充量 = \sqrt{\frac{2 \times 1 回当りの補充費用 C \times 年間需要量 D}{在庫費用係数 d \times 在庫品目の単価 p}}$$

より $\sqrt{\dfrac{2 \times 2,000 \times 17,812}{0.25 \times 1,000}} = 534$ 個

補充量は、需要量の平方根に比例する。需要量が増加すれば、補充量も増加する。

【問 B】安全在庫数はいくつか？

【解】安全在庫＝安全係数 k×標準偏差 σ×$\sqrt{補充リードタイム}$ の計算式より、$2 \times 18.4 \times \sqrt{7} = 97.36$ 、安全在庫数は、約 98 個となる。

安全在庫は、標準偏差と補充リードタイムに影響される。

【問 C】平均在庫はいくつになるか？

【解】平均在庫＝補充量÷2＋安全在庫より

平均在庫＝534個÷2＋98個＝365個

在庫保有日数＝7.5日　｛365個÷(17,812個÷365日)｝

【問D】補充点はいくつになるか？

【解】補充点＝補充リードタイム中の平均出庫数＋安全在庫
　　　　（補充点＝$\mu t + k\sigma\sqrt{t}$）の計算式より

補充点は、48.8×7＋2×18.4×$\sqrt{7}$＝439個となる。

＜例題②の設定値＞出庫数のバラつきを小さくする意味で標準偏差を例題①の半分にし、出庫数の標準偏差σ＝9.2個とする。

補充のリードタイムを7日から2日に短くして、補充リードタイムt＝2日とする。他の設定値は、同じとする。

・補充量は、需要量次第なので、例題①と同じになる。

・安全在庫数は、k*σ*$\sqrt{t}$　より、標準偏差と補充リードタイムに影響される。2×9.2×$\sqrt{2}$＝26個

・平均在庫は、R÷2＋aより、安全在庫数が低下したので、

534÷2＋26＝293個

・補充点は、$\mu t + k\sigma\sqrt{t}$　より、48.8×2＋2×9.2×$\sqrt{7}$＝147個

例題①と例題②の比較

	補充量	安全在庫	平均在庫	補充点
例題①	534	98	365	439
例題②	534	26	293	147

　出庫数のバラつきを小さくし、補充リードタイムを短くすれば、平均在庫量、補充点、安全在庫量を少なくすることができる。

　出庫数のバラつきが多く、補充リードタイムを長くすれば、平均在庫量、補充点、安全在庫量は多くなる。

５）出荷と補充のまとめ

　適正在庫量とは、在庫サービス率を"あるレベル"、例えば99.5%に設定し、それを満足する在庫量である。従って、適正在庫量の算出は、在庫サービス率を満たすことを前提とする。その上で、出庫量は、一定期間内における商品の平均を算出する。在庫量は、平均出荷量の何日分を保有するかという日数を決定する。更に、発注補充量や安全在庫量の適正値を求める。

　企業内の在庫削減方法としては、次の案が考えられる。

A．補充量や安全在庫量の少量化、補充リードタイムの短縮化

A-1．平均在庫の式「平均在庫＝補充量÷2＋安全在庫」の意味

　平均在庫の式からは、在庫に影響するのは補充量と安全在庫量である。補充量は、需要量（出庫量）次第であり、それに従う。
補充のタイミングは、補充点を決めておくことになる。

　補充点＝日別平均出庫量×補充リードタイム＋安全在庫　の式から、補充点は、日別平均出庫量と補充リードタイムの積と、安全在庫の和である。補充リードタイムと安全在庫次第になる。

　安全在庫＝安全係数×出庫量の標準偏差×$\sqrt{補充リードタイム}$　の式から、安全係数は定数であるので、安全在庫は、出庫量の標準偏差（出庫量のバラつき具合）と補充リードタイム次第である。

　従って、在庫削減は、出庫量のバラつき具合を制御できるかにかかる。一般的には、受注側は、受注量のバラつきを受け入れざるを得なく、顧客との関係で制御できない。但し、出荷拠点を集約することはでき、バラつきを緩和できる。

A-2.　補充リードタイムは重要

　補充リードタイムを短くすると在庫は少なくなる。実務上は、補充リードタイムは短い。具体的には、加工食品卸売業が小売業に納品する時、受注後当日中か翌日早朝や午前中である。日用品の納品は、受注後翌日である。この為、輸配送は、多頻度・少量物流になる。

A-3.　卸売業 A 社の在庫は、アイテム別に見ると過剰在庫になっている。一言で言うと、小売業に対して用心し過ぎている。

B.　付加価値の少ない段階で在庫を持つ。

　補充リードタイムの許す限り、在庫を付加価値の付いていない上流工程に止めておき、できるだけ原材料等の在庫のままにする。寿司屋は、客の注文に応じて、原材料のネタと舎利から商品の寿司を握る。

　流通在庫も小売店より物流センターへ、さらには卸売業・メーカーへ集める。

C 小売業店舗における適正在庫

　小売業店舗における適正在庫は、「陳列に必要な最低在庫数」と、「売行きに応じて自動計算される基準在庫数」との間を推移する状態である。

　第一に、お客が店舗で商品を選び易くすることが重要である。その為に、店舗の在庫数量は、定番の商品陳列に注目して、定番の最前列は常時陳列する数量を保つ必要がある。

　第二に、売行きに応じた基準在庫（最大在庫）の設定が必要になる。売行数の良いものは多い在庫量、売行数の少ないものは少ない在庫量に設定する。

　第三に、商品の売行は、日々変化する。その売行変化に素早い対応が必要になる。日々の売上実績を取り入れ、基準在庫を毎日再計算する。

4．棚卸

(1) 棚卸の意義

　在庫は、貸借対照表の資産の部に棚卸資産として記載される。棚卸資産は、帳簿から計算される帳簿在庫と現品を実査する実在庫とがある。後者の作業を実地棚卸という。在庫管理は、在庫の帳簿と現品との情物一致という帳簿在庫と実在庫の一致が求められる。棚卸資産に関わる物流作業の精度が問われる。

＜図表 1-27＞棚卸関連図

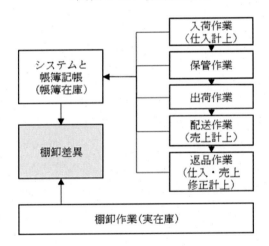

(2) 棚卸の方法

①帳簿棚卸

　帳簿棚卸は、入庫・出庫の記録台帳（在庫受払台帳）によって、在庫数の増減を計算し、在庫残数を計算して把握する方法である。

　在庫残数（当残）＝在庫残数（前残）＋入庫累計数－出庫累計数

　払出単価の計算方法には、個別法、先入先出法、移動平均法、総平均法、売価還元法等がある。これらの方法によって棚卸資産の取得原価が売上原価等の費用と繰越商品として次期以降に繰り越される資産に配分される（原価配分の原則）。詳細は財務会計を参照されたい。

②実地棚卸

　実地棚卸は、在庫している現品を調べて、品目毎の数量を把握する。実地棚卸には、次のような方法がある。

A. 一斉棚卸は、決算に合わせて期末や四半期毎に行われる。全品目の入庫と出庫を止め、在庫の動きが全くない状態で全品目の数量を一斉に調べる。

B. 循環棚卸は、在庫品目をいくつかに分割して、時期を分けて棚卸を行う。

C. その他の棚卸として、毎日作業終了後に、入庫又は出庫のあった品目だけを棚卸する（動態棚卸とも言う）。

　RFID（radio frequency identification）を商品に貼付して活用すれば、実地棚卸作業は人手と時間を大幅に削減できる。更に、ドローンを活用すれば、高所に保管している商品の棚卸も自動収集できる。

(3)棚卸差異の主な原因

①棚卸差異とは何か

　棚卸差異は、帳簿上の在庫数と実地棚卸の在庫数の差異をいう。棚卸差異には、棚卸差損と棚卸差益がある。それらを絶対値で集計すると本当の棚卸差異がわかる。棚卸作業は、マニュアル化しておくと良い。他の作業も同様にマニュアル（動画を含む）にする。

②棚卸差異原因

　棚卸差異に至る原因は、物流作業や帳簿付け等のすべての箇所に潜む。例えば、入荷時に品目と数量や品質のチェックミスがある。商品を保管している時の破損、盗難等による現品の減少、保管ロケーションの間違い等がある。出庫・出荷は、作業工程が多岐に亘り、作業ミスが一番多く起きる工程である。ピッキング時のミスによる誤品出庫や、配送時の誤納等による納品間違いである。また、入庫・保管・出庫作業時の結果が、帳簿に反映されていない。

　棚卸作業で起きるのは、数えミス、入力や集計ミス等である。

③棚卸差異の是正および対策

　棚卸差異があった時、「現品」に合わせて帳簿を是正する。棚卸差異発生の原因の究明と再発防止対策をとる。

(4) 棚卸の指標

①棚卸差異は、期末又は月末棚卸時点での帳簿在庫と実在庫の差異を数量と金額で表したものである。棚卸差異＝帳簿在庫－実在庫

②棚卸差異率は、期末又は月末棚卸時点での帳簿在庫と実在庫の差異を率で表したものである。

棚卸差異率＝(帳簿在庫－実在庫)÷帳簿在庫

③棚卸資産廃棄損は、旧型商品、賞味期限切れ商品、季節商品の売れ残り等の廃棄に伴って計上した在庫金額に対する損失である。

(5) 棚卸監査の今後

　コロナ禍は、監査上、在庫確認をする実地棚卸のリモート化を招く可能性があり、実在庫への疑念が生じる。企業会計が AI 化していくと、常時監査の必要性が出てくる。

５．在庫分析と評価指標

１）在庫保有量の評価

(1)在庫保有日数

①在庫保有日数の定義

　在庫保有日数は、在庫量が需要量（出荷量）に対して出荷何日分の在庫を保有しているかである。在庫保有日数は、略して在庫日数という。在庫保有日数は、在庫保有量÷１日当りの需要量で算出する。

$$在庫保有日数 = \frac{在庫保有量}{１日当りの需要量}$$

　在庫保有日数は、１日当りの平均需要量に対して何日分の在庫をもっているかということを評価する。在庫保有日数は、関係する組織にとって、日毎の変化をとらえやすく、わかりやすい指標である。

　在庫保有日数を例示する。下表の例示①は、在庫保有量は 270 個であり、在庫保有日数は 5.5 日（270÷48.8）である。例示②は、在庫保有量は 330 個、在庫保有日数は 11.0 日（330÷30.0）である。

　例示①は在庫保有量が少なく、かつ、在庫保有日数が短いから評価される。

＜在庫保有日数の例示①②＞

	在庫保有量	１日当りの 平均需要量	在庫保有 日数
例示①	270 個	48.8 個	5.5 日
例示②	330 個	30.0 個	11.0 日

【例題】在庫保有日数（在庫日数）の算出と将来の在庫計画値算出

2019 年度の出荷本数と在庫本数が月別に分かっている時、2025 年度の出荷本数と在庫本数の計画値を算出する手順を示す。

A. 2019 年度の月別在庫日数を算出する。

在庫日数＝在庫本数÷（出荷本数÷30 日）から算出

B. 2025 年度の計画出荷本数を対 2019 年度比 1.95 倍になるとする。

C. 2025 年度の在庫日数は、2019 年度の月別在庫日数と同じとして、2025 年度の在庫本数を求める。

【解】当年度の在庫本数(A) と将来の在庫本数(C)

月	2019 年度実績			2025 年度計画	
	出荷本数	在庫本数	A 在庫日数	B 出荷本数	C 在庫本数
4	2,391	4,818	60.5 日	4,662	9,402
5	2,377	4,821	60.8 日	4,635	9,394
6	2,246	4,439	59.3 日	4,380	8,658
7	2,453	4,550	55.6 日	4,783	8,864
8	1,843	4,336	70.6 日	3,594	8,458
9	1,808	4,539	75.3 日	3,526	8,850
10	2,086	4,727	68.0 日	4,068	9,221
11	2,073	4,800	69.5 日	4,042	9,364
12	2,100	5,184	74.1 日	4,095	10,115
1	1,713	5,606	98.2 日	3,340	10,933
2	1,830	5,084	83.3 日	3,569	9,910
3	2,299	4,307	56.2 日	4,483	8,398
(合計)	(25,219)	(57,211)		(49,177)	(111,567)
平均	2,102	4,768	68.0 日	4,099	9,297

注) 将来の在庫本数が算出されると、在庫の保管能力を検討できるとともに、在庫管理方式や設備の選択というエンジニアリングができる。

【例題】在庫保有日数

　1 日当りの出荷金額を 330 百万円、在庫金額 5,940 百万円、売掛金残高 21,450 百万円、買掛金残高 10,560 百万円とする。

【問 A】在庫保有日数は、何日か？

【解 A】在庫保有日数＝在庫金額÷1 日当りの出荷金額より算出。

5,940 百万円÷330 百万円＝18 日になる。

以下の設問は、関心があれば解答してみる。

【問 B】運転資金（売掛金＋在庫金額－買掛金）はいくらになるか？

【解 B】運転資金（売掛金＋在庫金額－買掛金）より 16,830 百万円。

【問 C】運転資金回転日数は何日か？

【解 C】運転資金回転日数は、在庫保有日数と同様に計算する。

売掛金 回収日数 65 日	買掛金支払 日数 32 日	＝	借入金 51 日
在庫保有日 数 18 日	運転資金 回転日数 51 日		

【問 D】運転資金を調達するにはどうするか？

【解 D】運転資金を生み出す施策の例

施策	貸借対照表		施策
売掛金の早期回収 在庫の圧縮	現金預金 売上債権 棚卸資産	買掛金 借入金	買掛金の支払期間延長 借入金の増加

【問 E】自社独自で取れる施策はどれか。

　キャッシュフロー(CF)計算書は、現預金の残高と「営業 CF」「投資 CF」「財務 CF」の関係を説明できる。CF 計算書では、在庫を削減できれば、その分現金の増加になるので、現金を手にすることができる。CF は、在庫削減の根拠になる。

＜図表 1-28＞キャッシュフローで見る在庫の増減の影響

キャッシュフロー(CF)計算書（単位：百万円）

3つの CF	勘定科目		期首現金等残高		802
			現金増加	現金減少	
営業 CF	利益	税引前当期利益	77		-500
	非資金費用	減価償却費	25		
		その他	18		
	運転資金	売上債権の増加		1,498	
		仕入債務の増加	118		
		在庫の減少	760		
	小計		998	1,498	
	その他		44		44
	①営業活動による CF		1,042	1,498	-456
投資 CF	有価証券の取得			4	9
	固定資産の取得			4	
	その他資産の売却		17		
	②投資活動による CF		17	8	
フリーキャッシュフロー(FCF)＝①＋②					-447
財務 CF	有利子負債	短期借入金の借入	300		300
		長期借入金			
		社債			
	その他				
	③財務活動による CF		300		
期末現金等残高＝期首現金等残高＋①＋②＋③					655

②在庫保有日数を検討する

　在庫保有日数（在庫日数）は、商品がほぼ毎日出荷していることを前提にしており、1ヶ月は30日として計算する。

　次のような設例を検討してみる。

＜例1＞ある商品の在庫数が300個ある。その商品が、1ヶ月の内、出荷日数が1日で出荷数が300個の時、在庫日数を求める。

在庫数300個÷（出荷数300個/月÷30日/月）＝在庫保有日数30日

＜例2＞ある商品の在庫数が300個ある。その商品が、1ヶ月の内、出荷日数が20日で出荷数が300個の時、在庫日数を求める。

在庫数300個÷（出荷数300個/月÷30日/月）＝在庫保有日数30日

＜例3＞1ヶ月の出荷日数が10日間でも、出荷時期が、上旬10日間の時や下旬10日間の時に分かれている。

　設例の解である在庫保有日数は、いずれも30日になっている。しかし、設例を厳密に考えると、1ヶ月内の出荷日数が1日の時と20日の時では出荷頻度が明らかに違うので、1回当りの出荷数は違う。実出荷量は、期間出荷実績が同じでも実際に出荷された日数によって異なる。出荷数を単純平均で見ると必要な在庫量を見誤ることになる。実出荷量は、アイテム別に出荷日1日当り必要な量をベースにする必要がある。又は、分析する対象が、出荷頻度の影響を受けるようであれば、出荷日数率（出荷日数毎の率、147頁）を設けて、在庫日数に反映することが必要になる。

商品名	期間出荷実績	営業日数	平均出荷（単純平均）	出荷日数	実出荷量
A	4,500個	75日	60個/日（4500個÷75日）	30日	150個/日
B				50日	90個/日

(2) 在庫回転率

　在庫回転率は、在庫が1年で何回転するかを評価する指標である。在庫回転率は、年間の総需要量を在庫保有量で割ることで算出する。

$$在庫回転率（年）＝\frac{年間の総需要量}{在庫保有量}$$

　在庫回転率が高いほど、在庫という資産は効率が高く、在庫の流動性が高いと言える。即ち、在庫がお金に変えられやすくなっている。

【例題】在庫保有日数の例示①（66頁）の在庫回転率はいくつか？

【解】1日当り平均需要量48.8個を年間（365日/年）に換算する
　　と、年間総需要は17,812個になる。
　　年間総需要量17,812個÷在庫保有量270個＝66回転

　月次決算時等で、棚卸差異、在庫保有日数、在庫回転率、棚卸資産廃棄損や滞留在庫比率等を物流評価指標 KPI[1] として継続して使う。

注1) KPI: Key Performance Indicator の略。重要業績評価指標と訳す。
KPI は、上記以外に売上高、物流コスト、返品金額、納品リードタイムや CO_2 排出量等、件数では品目、受注、出荷、欠品、誤出荷、配送、遅配や荷傷み等、率では欠品率、誤出荷率、遅配率、返品率等がある。
自社で追究する KPI を月次・年次で一覧表にすると進捗評価ができる。
参考資料『ロジスティクス評価指標の概要－荷主KPI－』JILS、2008年編集

２）在庫分析の代表的手法

(1)ABC 分析

　ABC 分析は、複数のデータを重要度に基づいて分類する分析方法である。パレート分析や 80：20 の法則とも言う。

<図表 1-29＞ABC 分析グラフ

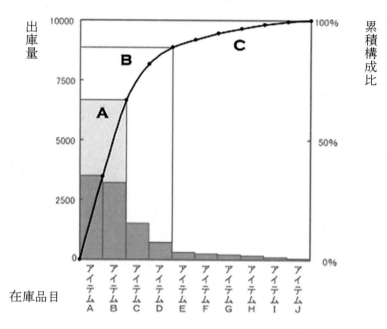

①ABC 分析で在庫品目毎の出庫量を重要性で分析する手順の例

・在庫品目を出庫量の多い順に並べる。

・在庫品目毎の出庫量を棒グラフで表す。

・累積構成比率を折れ線グラフで表す。

②ABC ランクと重要度の目安

A ランク：累積構成比率 70％以内

B ランク：累積構成比率 90％以内

C ランク：90％を超えて 100％迄

③ABC ランクで出庫量の特徴を掴む

　A ランク品は、出庫量が多い。

　B ランク品は、A ランクほど出庫量は多くない。B ランク品の中で高いサービス率を求められる品目は A ランク品に準じる。

　C ランク品は、出庫量が少ない。不定期定量補充方式として在庫管理の作業量を軽減する。

④ABC 分析で出庫頻度と保管場所を検討する

　倉庫のレイアウトを検討する時、商品の出庫頻度を ABC 分析して、それに応じた保管場所の配置にする。具体的には、A ランク品の保管は、よく出庫されるので、荷揃え場の近くに配置する。

　C ランク品の保管は、余り出庫されないので、倉庫の奥に配置する。そうすることで、作業動線の合計を短くすることができ、庫内作業の生産性を上げられる。

　作業動線の長さを検討する時の式は、次の通りである。

アイテム毎（品目毎）の作業動線の長さの計算式

作業動線の長さ＝Σ（品目毎の作業動線の長さ×品目毎の出荷回数）

全作業動線の長さの計算式：Σ（アイテム毎の作業動線の長さ）

　以上は、人が動いて商品をピッキングすることを前提にしている。最近は、設備が商品を人の手元に届ける GTP（Goods to Person）と言われる設備がある。人の移動時間がなくなるだけ生産性は向上する。

(2)流動数曲線

　流動数曲線は、繰り返し同じ製品を作る部品メーカー等の大量生産型のメーカーに適した生産管理方法[1]である。流動数曲線は、横軸に時間（日）、縦軸に「前残＋入庫累積数」と出庫累積数を描いたグラフである。在庫数＝前残在庫数＋入庫累積数－出庫累積数である。

　流動数曲線の利点は、次の通り。

・一目見たら状況がすぐにわかるシンプルさがある。

・管理項目が少ない。

・マスター整備が不要であり、ITシステムが無くても実施可能等である。

<図表1-30>流動数曲線の例

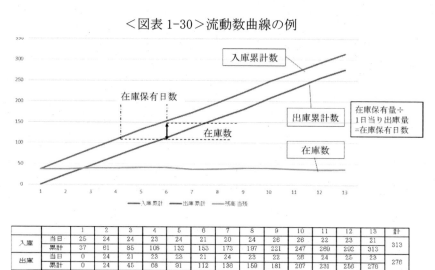

		1	2	3	4	5	6	7	8	9	10	11	12	13	計
入庫	当日	25	24	24	23	24	21	20	24	26	26	22	23	21	313
	累計	37	61	85	108	132	153	173	197	221	247	269	292	313	
出庫	当日	0	24	21	23	23	21	24	23	22	26	24	25	23	278
	累計	0	24	45	68	91	112	136	159	181	207	231	256	276	
残高	前残	12													
	当残	37	37	40	40	41	41	37	38	40	40	38	36	37	

注1) 中島飛行機(1917-1945)で考案された。戦闘機等を 29,925 機生産した。実戦機種としては隼、疾風、鍾馗等、開発機は橘花、富岳がある。

(3)在庫鮮度分析

①入庫頻度と出庫頻度

　入庫頻度と出庫頻度は、入庫・出庫の頻度の指標である。日単位、週単位、月単位で、何回入庫や出庫があったかを表す。

<図表1-31>　入出庫の頻度と在庫鮮度の状況

		入庫の頻度		
		多頻度	時々	なし
出庫の頻度	多頻度	在庫鮮度高く良好	安全在庫が多く必要	需要の見誤り若しくは生産終了品
	時々	在庫鮮度が低くなる恐れがある	在庫鮮度がまあまあ	需要の見誤り若しくは生産終了品
	なし	需要の見誤り若しくは発売待ち	在庫鮮度が低い不動在庫	在庫鮮度が低い不動在庫

②在庫鮮度分析

　在庫鮮度分析は、モノが入庫してから出庫するまで倉庫内に滞留している時間と、入出庫の頻度を調べる。在庫の滞留時間が分かる為には、在庫の入庫日時が登録されていることである。

　在庫の先入れ先出しができていれば、滞留期間と保有日数は一致するので、先入れ先出しを徹底することである。

　滞留期間のランク分けの例

ランク１：滞留期間１週間以下、在庫回転率が高く在庫鮮度も高い。

ランク２：滞留期間２週間以下

ランク３：滞留期間１ヵ月以下

ランク４：滞留期間３ヵ月以下

ランク５：滞留期間３ヵ月超過、不動在庫になる可能性が高い。

③滞留在庫

　滞留在庫は、在庫日数が一定水準を超えたもの、販売終了品や納入期限切れ等の在庫と定義する。

　滞留在庫比率は、これらの売上高に対する比率を求める。

　滞留在庫比率＝滞留在庫÷売上高×100

④不動期間

　不動期間は、最後の出庫から現在迄の出庫のない期間を表す指標である。商品別に不動在庫と判断する為の基準期間を定め、これを超えた商品を廃棄することで効率的な在庫運営が可能になる。

⑤商品の出庫頻度と物流サービスのあり方

　小売業の店舗で販売される商品の出庫頻度は、商品のカテゴリーによって違う。具体的には、生鮮食品、加工食品、冷凍食品、菓子、薬、化粧品、日用品等によって、消費者に購買されるサイクルは異なっている。

　店規模によって品揃えのアイテム数とともにアイテム別の在庫量設定をどうするかがある。一方、卸売業と小売業の間の受発注のサイクルは、商品の購買特性によって違っていることが妥当である。商品の購買特性によって、毎日納品もあれば、週1回や月1回の納品もあって良い。

　在庫の適正化は、物流サービスの適正化を図ることによっても進む。卸売業と小売業は、現在の毎日納品、少量納品、短い納期を脱して、ともに物流サービスのあり方から検討に入ることである。

　小売業が自動発注化を進めていく理由になる。

【参考】数表読み取りの手順

(1)観察

［○○］の数値が、［平均 or 標準値］と比べて［数量］だけ［多過ぎる or 少な過ぎる］ことである。

(2)分析

①観察した分子÷分母のうち、［分子 or 分母］の方が、［％］分だけ［多 or 少な］過ぎる。

②現場で事実を確認する。

(3)判断

①分析した分数の数値を［増やす or 減らす］為には、仮説として［分子 or 分母］の方を［　］だけ［増や or 減ら］せばよい。

②その為に、［　］を調査し［　］を［増やす or 減らす］方法を見つける。

③具体策を、［誰（職位）］が、［いつ（期日）］から検討し、［いつ（期日）］迄に、［改善 or 改革］の［プロジェクト or 企画案］として提案させる。

④計画は、短期・中期・長期の３つに分ける。

(4)実験

①判断の仮説を検証する為に、［誰］が［いつ］から［どこ］で実験を開始する。

②その結果を、週単位で［観察・分析・判断］について報告させる。

③報告次第で、上記(1)(2)(3)のいずれかに戻る。

(5)対策

①応急処置とともに、改革策を作る。

出所）『経営情報』2001 年 3 月号、掲載に当り編集している。

第 1 章の参考図書

1.　中央職業能力開発協会『ビジネス・キャリア検定試験標準テキスト　ロジスティクス管理 3 級』平成 29 年 4 月、中央職業能力開発協会、197 頁〜227 頁

2.　中央職業能力開発協会『ビジネス・キャリア検定試験標準テキスト　ロジスティクス管理 2 級』平成 19 年 12 月、中央職業能力開発協会 139 頁〜166 頁

3.『中央職業能力開発協会「ビジネス・キャリア検定試験」過去問題準拠 ロジスティクス管理 3 級過去問題＋解説集』2016 年 9 月、流通研究社

4.　久保幹雄『ロジスティクス工学』2001 年 6 月、朝倉書店、"第 3 章鞭効果"

5.　湯浅和夫編著『物流管理ハンドブック』2003 年 7 月、PHP 研究所

6.　湯浅他『最新在庫管理基本と仕組みがよくわかる本』2006 年 12 月、秀和システム、191 頁

7.　広瀬義州『財務会計 第 9 版』2009 年 4 月、中央経済社、227 頁〜242 頁

8.『LOGI-BIZ DECEMBER 2020』「物流コンサルティングこぼれ話その 3」72 頁〜75 頁

9. E. シュミット、J. ローゼンバーグ、A. イーグル『1 兆ドルコーチ』2020 年 1 月、ダイヤモンド社

10. 尾田『製配販サプライチェーンにおける物流革新　企画・設計・開発のエンジニアリングと運営ノウハウ』2016 年 8 月、三恵社、66 頁〜69 頁

11. 尾田『物流エンジニアリング入門』2019 年 12 月、三恵社、

第2章　メーカーから卸売業に納品

2

１．製・配・販の価格と利益

(1)製・配・販の価格体系
①製販価格・納入価格・店頭価格

　メーカー、卸売業と小売業という製・配・販三者間の価格体系は、次のように言われている。

・メーカーから卸売業は、製販価格（仕切価格ともいう）
・卸売業から小売業は、納入価格（下代）
・小売業の店舗で販売されている価格は、店頭価格（上代）

<図表2-1>価格体系

メーカー	卸売業	小売業
	製販価格　　　納入価格　　　店頭価格	
	売上総利益 （11％程度）	売上総利益 （25％程度）

　各価格及び利益を計算式で表すと、次のようになる。

店頭価格＝納入価格＋売上総利益(25％程度)・・・・・・・・式A

納入価格＝製販価格＋売上総利益(11％程度)・・・・・・・・式B

　式Bを式Aに代入すると、次のようになる。

店頭価格＝製販価格＋売上総利益(36％程度)・・・・・・・・式C

②メーカーから卸売業への仕入割戻

　メーカーから卸売業への仕入割戻の定義は次の通りとする。

仕入割戻①：メーカー補償。

仕入割戻②：企画キャンペーン、取引制度リベート（固定型、達成型）等。

仕入割戻③：数量引リベート、メーカー工場直送等。

仕入割戻④：MD 商品一括仕入リベート等。

仕入割戻⑤：機能リベート、販売データ料等。

仕入割戻⑥：無返品契約メーカーの売上割引率等。

仕入割戻⑦：メーカーの買掛代金を約定日よりも早期に支払うことにより受けた一定の割引額。

③卸売業から小売業への売上割戻・売上割引等

　卸売業から小売業への売上割戻等の定義は次の通りとする。

　売上割戻は、得意先に対して予め取り決めた条件により売上代金の減額や返金を行うことである。

　売上割引は、得意先からの売掛代金を約定日よりも早期に受けたことにより行った一定の割引額である。

　納品手数料は、得意先の物流センターに納入する際、使用料として支払う料金のことである。

(2)卸売業の納入価格と売上総利益

①卸売業における納入価格の意味

　製販価格が変わらないとすると、納入価格が 1 円上がれば、売上総利益も 1 円上がる。又は、納入価格が 1 円下がれば、売上総利益も 1 円下がる。これは、売上総利益が、1 円×販売個数ほど、増加・減少することを意味する。つまり、納入価格の設定は、売上総利益に直結しており、商談時に納入価格の交渉が重要になることの証である。納入

価格の設定は、会社経営に大きな影響を与える。従って、得意先の納入価格設定は、販売担当の重要な仕事である。

②定番納入価格

　定番の納入価格は、得意先に提示する価格の中で一番高い価格を設定することになる。それ以上高い価格を別途に提示できない。

　また、棚割りで定番導入決まれば、店舗からリピート発注がある。

　定番の売上比率は、業種業態によって異なるが、売上の半分前後を占めており、売上でも利益でも重要である。

③定番の価格設定

　定番の価格設定は、以下の項目を得意先毎に算出する。その上で得意先と契約書を交わす。

A. 得意先における平均納入単価はいくらか。

B. 契約している売上割戻率はいくらか。

　（契約内容はどのようになっているか。例えば、対象売上には、総売上、返品控除後売上、値引き控除後売上等がある。）

C. 契約している納品手数料率は何％か。

　（契約内容はどのようになっているか。対象売上は上記Bに同じ。）

D. EOS手数料は何％か。

　（契約内容はどのようになっているか。対象はピース単価か、納入実績か等。）

E. 返品率は何％か。

　（返品に納品手数料(C)がかかる時、その金額もコストとして計上する。メーカー返品不可の時、得意先からの返品は利益減少になる。）

F. メーカーとの間の仕入割戻①〜⑦は何％か。

G. 営業直接費は何％か。

H. 本部経費（商品本部、管理本部、物流本部等を含む）はいくらか。部門への按分はどうしているか。

I. 物流経費はいくらか。

J. 営業利益や経常利益はいくらか。

④特売納入価格設定

　特売企画に関する納入価格設定は、大きく分けて2つある。

　一つ目は、定番納入の時と納入価格が変わらない時である。定番納入と同じ粗利益額が確保できる。この方法の代表的な例は、EDLP（Every Day Low Price）である。

　二つ目は、定番納入と違い、納入価格が変わる時である。特売は、単品大量発注を前提としており、納入価格を下げる商談が行われる。代表的な例は、チラシ等による特売である。

　特売時に納入価格を下げる原資は、卸売業の物流費が考えられる。物流センターにとって、ケース主体の単品大量納品になるので、作業は効率的である。メーカーの工場から小売業に直送することもある。この時は卸売業に直接的な物流費はかからないが、仕入割戻③（数量引リベート）はなくなる。

⑤納入価格と商品回転率の関係

　納入価格は、粗利益率と商品回転率の関係で設定されることがある。理由は、商品の回転率が、コスト吸収力に関わっているからである。商品回転率が高い商品は、コスト吸収力が高いことから、粗利益率が低い。商品回転率が低い商品は、コスト吸収力が低いことから、粗利益率が高いことにしている。

　在庫スペース費は固定費である。例えば、年間 100 円とする。商品
A は、商品回転率が高く、年間 10 回転する。商品 B は商品回転率が低
く、年間 1 回転とする。在庫スペース費を在庫 1 回転毎に計上すると、
商品 A は 10 円/回転、商品 B は 100 円/回転になる。即ち、年間の在庫
スペース費は固定費で同額であっても、商品 1 回転当りの在庫スペー
ス費は、高回転商品ほど低く、低回転商品ほど高くなる。

　作業費は、出荷する都度発生すると考えられるので、変動費の扱い
である。

　納入価格は、粗利益率と商品回転率との関係で設定されることが多
い。下表は、以上のことを一覧にしている。

<図表 2-2>卸売業の粗利益率と商品回転率との関係

勘定科目	商品 A	商品 B	備考
売上高①	@500 円×10 個=5000 円	@500 円×1 個=500 円	納入価格 500 円/個 商品回転率 A10 回転 商品回転率 B 1 回転
売上原価②	@450 円×10 個=4500 円	@250 円×1 個=250 円	メーカーの製販価格 A450 円、B250 円
粗利益額③=①-②	500 円	250 円	粗利益率③÷① A:10%、B:50%
在庫スペース費④	100 円 (10 円/回転×10 回転)	100 円 (100 円/回転×1 回転)	④は固定費
作業費⑤	@20 円/個×10 個=200 円	@20 円/個×1 個=20 円	⑤は変動費
費用計⑥	300 円	120 円	⑥=④+⑤
営業利益⑦	200 円	130 円	⑦=③-⑥
営業利益率⑧	4%	26%	⑧=⑦÷①

　卸売業は、商品回転率が高いからと言って、粗利益率を低く設定す
ることを避ける方が賢明である。卸売業が、粗利益率を上げ、原価率

を下げるには、メーカーと製販価格の交渉をするが、効果はすぐには反映しない。一方、卸売業は、小売業の店舗で商品回転率を高めることを自助努力できる。粗利益率を重視した納入価格を設定する方が、利益確保になる。

⑥卸売業の売上総利益

卸売業の売上総利益は、対メーカーと対小売業との関係から、次のようになる。メーカーから受領するのは、売買差益＋仕入割戻①〜⑦である。小売業に対して支払うのは、売上割戻＋売上割引＋納品手数料である。

これを式に表すと、式Dになる。

卸売業の売上総利益＝（売買差益＋仕入割戻①〜⑦）−（売上割戻＋売上割引＋納品手数料）・・・・・・・・・・・・・・・・・・・式D

式Dを卸売業の売上総利益を100.0%とした計算例を示す。

100.0%＝（31.7%＋95.7%＋34.0%）−（28.0＋0.9＋32.5%）

100.0%＝161.4%−61.4%　となる。

<図表 2-3>卸売業の利益構造の例

卸売業の利益構造を、決算で発表している売上総利益を100%としてみる。

利益構造(勘定科目)		構成比	売上総利益に対する増減
メ ー カ ー 関連	売買差益	31.7%	+++
	仕入割戻①（メーカー補償）	95.7%	++++++++++
	仕入割戻②〜⑦（図表 2-4）	34.0%	+++
小 売 業 関連	売上割戻	-28.0%	---
	売上割引	-0.9%	-
	納品手数料	-32.5%	---
卸売業の売上総利益		100.0%	++++++++++

<図表 2-4＞仕入割戻②〜⑦の推定構成比

メーカーからの仕入割戻②〜⑦		構成比
仕入割戻②	企画キャンペーン、取引制度リベート	36.0%
仕入割戻③	数量引リベート、メーカー工場直送等	33.3%
仕入割戻④	MD 商品一括仕入リベート、	13.8%
仕入割戻⑤	機能リベート、販売データ料	13.3%
仕入割戻⑥	無返品契約メーカーの売上割引率	3.5%
仕入割戻⑦	早期支払い割引	0.0%
計		100.0%

注)構成比から見ると、実務上、仕入割戻②と仕入割戻③が重要になる。

　売上総利益の内、粗利益額と言われるのは、売買差益＋仕入割戻①である。念の為に言えば、粗利益額は、31.7％＋95.7%＝127.4%　である。

　売買差益は、粗利益額(127.4%)の25％(31.7%÷127.4%) になる。

　仕入割戻①（メーカー補償）は、粗利益額の75％(95.7%÷127.4%)である（図表 2-3）。

　このことから、卸売業は販売の基本である商品の売買によって粗利益を得ているというよりは、仕入割戻①（メーカー補償）によって、粗利益額の大半をメーカー補償に依存している。その意味では、卸売業として対メーカーとの関係を探求することである。

　実務で言えば、卸売業の粗利益額(売買差益＋仕入割戻①)は、メーカーに仕入割戻①を漏れなく請求することが大事であることを物語っている。仕入割戻①を確実に請求することが、卸売業の業務では重要になる。

(3) 卸売業の損益計算書

　卸売業の損益計算書(P/L)を図式化し(図表 2-5)、計算式を示す。
なお、P/L の他に変動費、固定費と限界利益の関係を図式化する。

<図表 2-5>卸売業の損益計算書

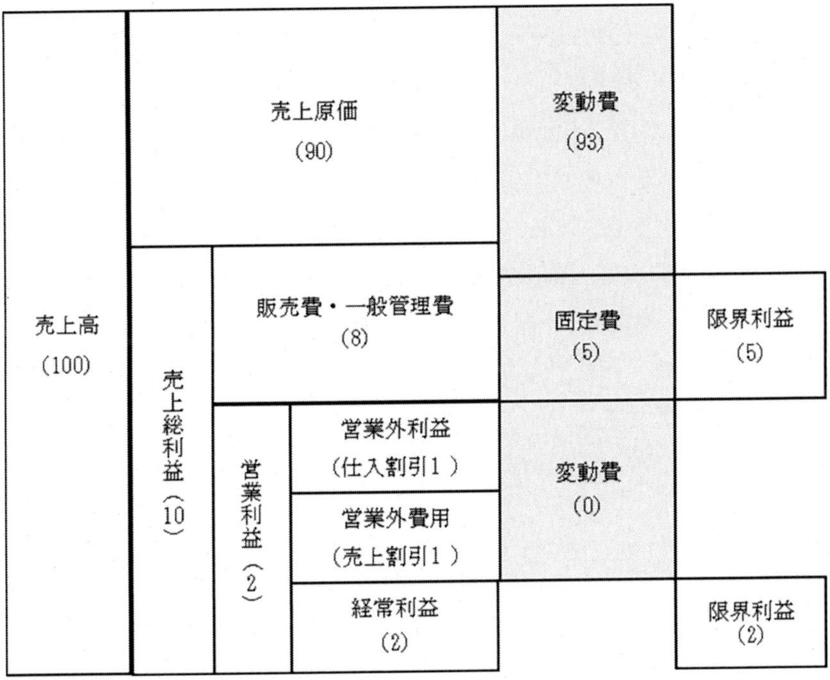

売上高 (100)	売上原価 (90)			変動費 (93)	
	売上総利益（10）	販売費・一般管理費 (8)		固定費 (5)	限界利益 (5)
		営業利益（2）	営業外利益 (仕入割引1)	変動費 (0)	
			営業外費用 (売上割引1)		
			経常利益 (2)		限界利益 (2)

売上高 100＝売上原価 90＋売上総利益 10

売上高 100＝変動費 93＋固定費 5(限界利益 5)＋限界利益 2

売上高 100＝変動費 93＋限界利益 7

売上原価 90＝期首棚卸高 6＋仕入高 90－期末棚卸高 6

売上総利益 10＝売上高 100－売上原価 90

売上総利益 10＝販売費・一般管理費 8＋営業利益 2

営業利益 2＝売上総利益 10－販売費・一般管理費 8

経常利益 2＝営業利益 2＋営業外収益 1－営業外費用 1

経常利益 2＝売上高 100－（変動費 93＋固定費 5）

変動費 93＝売上原価 90＋(物流変動費 1＋納品手数料 2＋他の販売費の変動費 0)＋売上割引 1－仕入割引 1

固定費 5＝人件費 3＋減価償却費 1＋物流固定費 1＋本部共通固定費 0

限界利益 7＝売上高 100－変動費 93

限界利益 7＝売上総利益 10－(物流変動費 1＋納品手数料 2＋他の販売費の変動費 0)＋売上割引 1－仕入割引 1

限界利益 7＝固定費 5＋経常利益 2

限界利益率 7%＝限界利益 7÷売上高 100

損益分岐点売上高 71.4＝固定費 5÷限界利益率 7%

損益分岐点比率 71.4%＝損益分岐点売上高 71.4÷売上高 100

注) 売上原価の計算式は、87 頁に掲載している。第 1 章の棚卸で既述したように、期首棚卸高や期末棚卸高は、棚卸差異修正後の数値である。棚卸高が狂えば、売上総利益が狂い、営業利益や経常利益も狂う。

【問】棚卸差異（棚卸差損）が 5%の時、売上総利益はいくらになるか？

売上高	50,000		棚卸差異率 5%の時	実地棚卸
当期仕入高	40,000		実地棚卸高＝帳簿棚卸高 20,000×	高 20,200
期首棚卸高	25,000		(100%-5%)＝19,000 になる	の時
期末帳簿棚卸高	20,000		帳簿棚卸高 20,000－実地棚卸高	棚卸差益
実地棚卸高	20,000	19,000	19,000＝棚卸差損 1,000	200
棚卸差異率	0%	5%	5%＝(1,000÷20,000)×100	1%
売上原価	45,000	46,000	46,000＝40,000＋25,000－19,000	44,800
売上総利益	5,000	4,000	4,000＝50,000－46,000	5,200
売上総利益率	10%	8%	8%＝(4,000÷50,000)×100	10.4%

２．メーカーの補償

(1) 補償単価で決定すること

① 補償単価

　卸売業がメーカーへ補償請求をするには、「補償単価」の金額を設定することから始まる。卸売業がメーカーと定番・特売企画別に補償単価を決めるには、得意先との間の利益の組み立て方を考える。卸売業がメーカーとの間で、「粗利益率」で取り決めをしないことである。例えば、定番は 12% 補償、特売は 10% 補償というように、「率」で、メーカーと取り決めをしない。それ以上に粗利益率を上げる事が難しくなるからである。

　また、定番と特売企画の補償率を一律 10% とメーカーと取り決めて、バイヤーへの納入価格見積もり提示や特売企画提案書の作成を、メーカーまかせにしない。卸売業が得意先に補償単価で見積もりを提示して、商談をすることである。

② 補償単価は円単位で行う

　卸売業がメーカーと補償単価を決定する際、基本は、円単位や切り上げで補償単価の請求をすることである。１円未満や銭単位の協議になった時、円単位に切り上げることで協議する。１円未満や銭単位は切り捨てや四捨五入にしないことである。

(2) 補償単価を運用する

① 卸売業とメーカーで補償の事前打ち合わせ

　納入価格を決定するのは卸売業である。メーカーが納入価格を得意

先に提示することはあってはならない。卸売業は、得意先へ納入価格を提示する前に、メーカーと補償内容について協議する。卸売業が十分な利益が取れる納入価格にすることである。

②補償のシステム化の目的

　卸売業が補償システムを活用する目的は、補償業務をシステム化して、正確かつ迅速な補償請求業務を行う為である。

　補償システムは、メーカーへの補償請求額の請求漏れ防止や早期回収を促進することである。また、システム化によって、販売部門や管理部門の事務作業量の削減と請求業務に係る生産性向上を図ることである。

③補償請求モレ防止のための目標粗利益率設定

　得意先によっては、月当り数千アイテムの納品実績や納入価格別に数千行の納品実績になる。そうなると、補償単価登録の設定モレが発生するリスクがある。

　補償システムは、補償請求モレ防止の為に、目標粗利益率を下回った商品や、納入価格を商品別や納入価格別にチェックすることができる。

　まず、企業（小売業）全体の目標粗利益率を設定する。メーカー別に目標粗利益率を設定している時、その目標粗利益率が適用される。前日迄の納品実績について、目標粗利益率を下回る納入価格や補償登録条件があった時、その商品の実績を確認できる。

　メーカー別に目標粗利益率を設定していない時、企業全体の目標粗利率を適用する。

　次に、補償単価登録モレがある時、メーカーと協議した補償単価を

登録する。翌日にその補償条件が反映された実績を参照する事ができる。

④補償請求モレ防止のための補償率設定

　設定した粗利益率以上の商品・納入価格実績に対しては、補償モレのリスクがある。例えば、売買差益率10％の納入価格に対して、12％迄補償をもらう約束をした。しかし、メーカー別設定粗利益率を8％にしていたならば、この商品実績は10％なので、補償とり漏れにはならない。補償単価登録モレか補償請求モレとなる。

⑤補償請求モレ防止のための全件確認

　売上〆日翌日に企業別商品別納入価格別実績一覧表が生成される。それを確認して、上記のような補償登録モレがないか確認する。

　売上締日後に補償モレがあった時、「補償入力」画面にて補償請求入力する。

　翌月以降も同じ納入価格の販促がある時、補償条件メンテナンス等の画面で、補償単価登録も実施する。

3．数量引リベートと在庫

(1)数量引リベート

　数量引リベート（仕入割戻③）は、メーカーに1回当り大量に発注し、仕入れることで得られるリベートである。まとめ発注は、出庫や輸送の合理化に関わる。数量引リベートの条件は、メーカー毎に違っている。数量引リベートを実施にしているメーカーは、ユニチャーム、ライオン、P&G、ユニリーバ、ジョンソン、J&J、ニッサン石鹸等である。公表されているライオン社の発注条件を下表に示す。

<図表2-14>ライオン社の発注条件の例

項目	適用率	1届日当りの発注数量	
①数量引	1.0%	50〜 99ケース	届け日毎・配送拠点毎の発注数量を基準に左記ランクによる数量引を適用
	1.5%	100〜199ケース	
	2.0%	200〜299ケース	
	2.5%	300〜499ケース	
	3.0%	500ケース以上	
②パレット引	0.2%	パレット単位梱数の行毎整数倍単位発注に対して適用	
③単品満車引	0.3%	単品で16パレット単位の梱数の発注に対して適用	
④混載満車引	0.2%	指定商品群内の2品以上で16パレット単位の梱数発注に対して適用	

注．③④の発注は、届け日の2日前として、1オーダーは1伝票、1発注No.、着荷日指定とする。

　数量引リベート（仕入割戻③）は、仕入割戻②〜⑦のリベートの内、33.3％を占る。卸売業にとっては、魅力的なリベートであるが、在庫量の増大に繋がる懸念がある。

(2) 数量引リベートと利益

　数量引リベートは、卸売業が1回当りの発注量を増やし、輸送回数を減らすので、メーカー各社の物流効率化や卸売業への輸送効率になる。それがメーカー側のリベートの原資になる。

　卸売業は、発注量を増やす代わりに、発注から納品までのリードタイムを延ばして、発注頻度を減らす。この運用によって、卸売業は数量引リベートを増額することが出来る。また、対象メーカーからの入荷回数が減少するので、物流センターの入荷作業は軽減される。

　検討課題としては、次の2点である。

a. 先付け発注で確定数を発注したいが、リードタイム5日で間に合わないのは、どの小売業であるか。

その企業は、先日付の申し入れをして解決できるのか。

解決できない時、先付けの見込み発注でどのくらい在庫が増えるか。

b. 定番在庫増加や特売企画の在庫残増加を検証する。

　目的は、数量引リベートを得る事で、利益を生み出す事である。

　数量引リベートを得ることは、一方で、大量仕入れによる在庫増加に繋がり、キャッシュフローの悪化を招く。

　数量引リベートの獲得と在庫増加によるキャッシュフローの悪化のどちらが、利益になるのかを検証する。

　獲得できる数量引リベートよりも、在庫増加によるコスト増大があるのであれば、やらない選択肢も有り得る。

４．メーカーと卸売業の物流

(1)メーカーの取引基準

　卸売業は、メーカーの取引基準（下表）にある「最低配送ロット」を目安に、ケース単位以上の発注をしている。メーカーと卸売業の間は、卸売業にとって経営規模がある方が有利な取引条件になっている。卸売業は、過剰仕入を防止する為、出荷が少ない商品は、ボール（内箱）又はピース単位で、発注ができるように交渉している。市場動向を想定したケース入数やケース入数の標準化が求められる。

<図表2-9>メーカーの取引基準（物流条件・受注条件）

取引基準の項目		P＆G（99年10月）	日本リーバ（00年7月）	ライオン（01年10月）
店格制度	代理店制	廃止	廃止	維持
	直接取引先	取引基準を満たす卸、小売（仕入額規模基準なし）	取引基準を満たす卸、小売（年間仕入額1億円以上）	取引基準を満たす卸売業
	2次卸店	廃止	廃止	存続
	与信管理	P＆Gによる審査	第3者機関による与信審査（Cランク1ヶ月担保）	取引額1.2ヶ月分の担保　決算情報の提供
決済条件	締日	毎月15日	毎月15日または月末	毎月10日、25日の2回
	支払サイト	月末現金払い	締日起算30日以内　現金払い	締日起算20日以内　現金払い
	延滞ペナルティ	延滞利息（年利12%）	延滞利息（年利12%）	延滞利息（日歩3銭）
物流条件	最低配送ロット	100ケース	50ケース	20ケース
	納品方法	軒先渡し、付帯作業等なし	－	軒先渡し、付帯作業等なし
受注条件	受注方法	原則業界標準のEOS	原則業界標準のEOS	原則業界標準のEOS、FAXも可
	受注締切時刻	午前11時30分	午前11時00分	EOS：午前11時00分　FAX等：午前10時30分
小売店直送基準		なし（最低受注ロットと同じ）	なし（最低受注ロットと同じ）	300ケース／回以上
センターフィー・協賛金等		非対応	非対応	非対応

出所『新取引制度の構築　流通と営業の革新』根本重之著、2004年、白桃書房、241頁

(2) メーカーと卸売業のリードタイム

日用品業界の製・配・販においてメーカーと卸売業のリードタイムは、基本的には卸売業の発注後翌日若しくは翌々日には商品が届けられる。その為であろうが、輸配送は多頻度・少量になっている。

卸売業と小売業の間のリードタイムも、卸売業は小売業からの発注を受注後翌日には届けている。

特売企画品のリードタイムを、メーカー、卸売業と小売業の間の 3つ分けて記載する。

・卸売業発注後、翌日入荷するメーカー　①②参照

・卸売業発注後、翌々日入荷するメーカー　③参照

・数量引き対象メーカー　④参照

①土日含まず営業日 4 日以上前に販売部は特売企画書を発行する

<図表 2-10>翌日入荷メーカーの特売企画品リードタイム

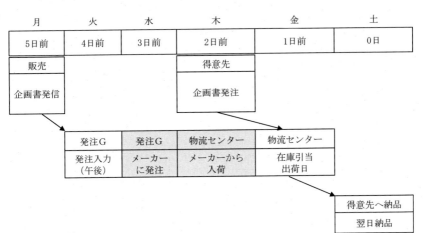

②金曜日に特売企画書を送信する時、土日を含まない営業日 5 日以上前に販売部は特売企画書を発行する

<図表 2-11>土日がある時の翌日入荷メーカーの特売企画品リードタイム

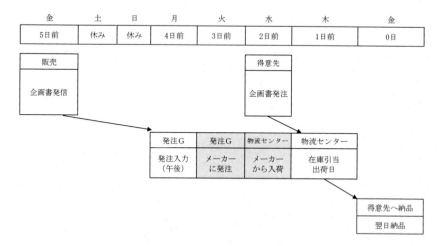

③土日を含まない営業日 5 日前以上に販売部は特売企画書を発行する

<図表 2-12>翌々日入荷メーカーの特売企画品リードタイム

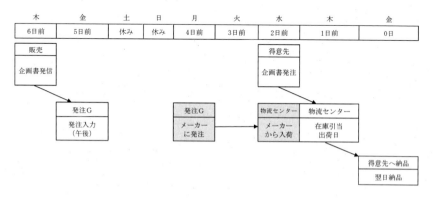

　特売企画品リードタイムは、補充リードタイムと言い換えることが出来る。補充点や安全在庫の計算式(下記再掲)を見る通り、補充リードタイムを短くすると、それらの値は低くなる。

【計算式の確認】　(47 頁と 54 頁参照)

・補充量＝$\sqrt{(2 \times 補充費用/回 \times 需要量/年) \div (在庫費用係数 \times 単価)}$

この式によれば、補充量は、需要量(出庫量)の平方根に従う。

・補充点＝1 日当りの平均出庫量×補充リードタイム＋安全在庫

・安全在庫＝安全係数×出庫量の標準偏差×$\sqrt{補充リードタイム}$

　実務上、日用品メーカーから卸売業へは、受注後翌日または翌々日納品であるので、補充リードタイムは 1 日～2 日になっている。従って、補充点や安全在庫は、平均出庫量やその標準偏差に従う。

　それにもかかわらず、卸売業の在庫は過大である。

　品切れ防止の為か、安全在庫量が高いことや、特売企画品の不要在庫扱いの量が、特売企画品発注量に対して 20%超えている。店舗で売れれば、小売業は卸売業に特売企画品のリピート発注を繰り返していること等が考えられる。

④数量引き対象メーカー

　卸売業からの発注数量が数量引きの対象になるメーカーは限られている。卸売業の商品部は、数量引きを最大化する為、週数回にまとめてメーカーに発注する。数量引き対象メーカーの発注・納品の基本サイクルは、次の通りである。

　卸売業が、木や金に在庫引当・得意先出荷の特売企画は、前週の金

曜迄に販売部門から発注Gに提出する。発注Gは、前週の金曜にメーカー発注入力し、木曜にメーカーから卸売業に入荷する。

　卸売業が、土、月、火、水に在庫引当・得意先出荷の特売企画は、前週の土曜までに提出する。発注Gは、前週の火曜にメーカー発注し、金曜にメーカーから卸売業に入荷する。

　祝祭日が入ると日程が変更になるので、商品部発行の月次配信カレンダーを参照する。

<図表2-13>数量引き対象のP社工場直送リードタイム例

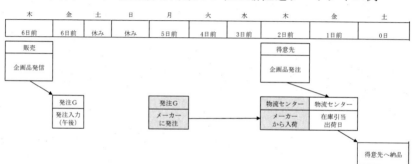

5．経営戦略のいろいろ

(1)企業間競争

現代の企業間競争は、ハイパー・コンペティションになっている。企業が競争優位を持続できる期間は短い。競争優位を一度失っても、それを取り戻す「一時的な競争優位の連鎖」を生み出すことが重要になる。より積極的に短時間で競争手段を選び、競争行動をとる企業のほうが高い業績を実現できるようだ。

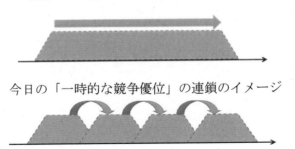

＜図表2-6＞競争優位のイメージ

従来の「持続的な競争優位」のイメージ

今日の「一時的な競争優位」の連鎖のイメージ

出所：入山章栄『世界の経営学者はいま何を考えているか』英治出版、71頁

(2)ポジショニング派

ポジショニング派の代表であるM.ポーターは、『競争の戦略』(1980)で「5F分析（事業環境分析）」と「戦略」を説明した。外部環境が大事である。儲かる市場を選んで、そこで儲かる位置取りをする。組織や人はそれに合わせて強化すべきであると主張した。

　戦略では、横軸に戦略的優位性、縦軸を戦略的ターゲットとし、基本戦略を3つに類型化した。つまり、「コストリーダーシップ戦略」「差別化戦略」「集中戦略」に分けた。

<図表2-7>ポーターの3つの基本戦略

ポーターの3つの基本戦略		戦略的優位性	
		顧客が認める特異性	低コスト地位
戦略的ターゲット	全体	差別化戦略	コストリーダーシップ戦略
	特定セグメント	集中戦略 （差別化集中・コスト集中）	

　「コストリーダーシップ戦略」は、勝負を挑んできた相手を低コストで打ち負かす方法である。業界内でコストが最も安ければ、価格競争時に下げる余地が大きいし、同価格で製品・サービスを売れる場合は利幅も厚くなる。

　「差別化戦略」は、顧客への付加価値の高さを武器に戦う。コスト面で競争しても分が悪ければブランドや特長ある製品や技術で勝負する。

　「集中戦略」は、競争相手の少ない分野に的を絞ることで競争に勝とうとする戦略である。

(3)ケイパビリティ派

　ケイパビリティ(企業能力)派は、何よりも外部依存から内部経営資源の優位性を高めるべきであると考えた。今の叡智を集め、やってみようという精神で、素早く学んで方針を決めることである。

(4) 卸売業の経営戦略

　卸売業各社は、オペレーションを中心にした「コストリーダーシップ戦略」を基本的に採用している。卸売業は、同質化した競争になり、経営は必然的に厳しい。卸売業が経営戦略で「競争優位」を作るには、他社との違いを創ることである。どのように戦うかを卸売業の経営戦略課題としてまとめてみる。

　競争優位を築く経営戦略を考える時、縦軸にポジショニング戦略と組織能力戦略をとる。横軸に既存の商品や機能と新しい商品や機能をとる。これを組み合わせると、4タイプにまとめられる（下表）。タイプ別の重点活動項目を表中に書いている。

<図表 2-8>卸売業の競争優位の作り方

競争優位の作り方	既存の商品や機能	新しい商品や機能
種類の違い「ポジショニング戦略」	【ポジショニング改良型】 ・企業規模の選択 ・品揃えの選択 ・売り場の選択 ・流通チャネルの選択 ・エリアの選択	【市場創造型】 ・市場の創造 ・商品の自社開発 ・流通チャネルの創造 （ネットビジネスの取り組み等）
程度の違い「組織能力戦略」	【プロセス改良型】 ・リテールサポート(無償) ・業務プロセス改革 （商品部、販売部、物流部、管理部）	【ビジネス創造型】 ・機能の事業化・独立化 ・リテールサポートの有償化 ・M＆Aによる事業の総合化

第 2 章の参考図書

1. ポーター『競争の戦略』1982 年、土岐他共訳、ダイヤモンド社

2. ポーター『競争優位の戦略』1985 年、土岐他共訳、ダイヤモンド社

3. 入山章栄『世界の経営学者はいま何を考えているか』2012 年 12 月、英治出版

4. 入山章栄『世界標準の経営理論』2019 年 12 月、ダイヤモンド社

5. 三谷宏治『経営戦略全史』2014 年 4 月、ディスカヴァー・トゥエンティワン

6. 尾田『卸売業の経営戦略展開　帳合問題からマーケティングとリテールサポートへ』2018 年 6 月、三恵社

第3章　卸売業の在庫

3

１．卸売業を中心にした商品の流れ

　卸売業の事業の中核をなすのが「商品」の販売である。卸売業の商品在庫は、メーカーからの仕入・入荷と、小売業への販売・出荷が関係する。

＜図表3-1＞卸売業物流センターを中心にした商品の流れ

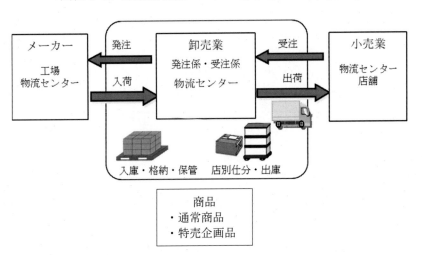

　卸売業の販売や出荷には、小売業への店出(みせだし)、メーカーから小売業への直送と仲間卸の3通りである。

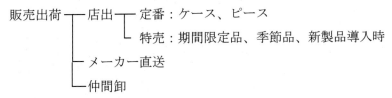

　卸売業から小売業への店出には、定番と特売の2通りがある。小売業への販売方法によって、卸売業の在庫は左右される。

　定番と特売企画の特徴を、卸売業と小売業に関して10項目を比較してみた。卸売業や小売業にとって、定番は売上の基本になる。特売企画は、売上のメリハリになり、売上の波動が大きい。

<図表 3-2>小売業の定番と特売企画の特徴

	比較項目	定番	特売企画
小売業	1. アイテム数	棚割のアイテム数は業態・業種、立地や店舗規模により大きく変わる	企画提案時のアイテム数は、テーマによるが、定番よりもはるかに少ない
	2. 販売決定方法	年2回(春・秋)の棚割で取扱いが決まる	月別・週別の企画提案で取扱いが決まる
	3. 発注方法	店舗から発注	本部又は店舗から発注　初回受注とリピート受注
	4. 店舗への出荷形態	ケース、及びピースはオリコンに入れて納品	ほぼケースで納品
	5. 出荷波動	比較的小さい	大きい
	6. 定番と特売の売上比率	約50%	約50%
卸売業	7. メーカーへの発注方法	自動発注が主。FAX発注もある	入力による事前発注、リピート発注
	8. 物流センターの保管方法	ケースラック、自動倉庫、ピース棚	ケースラック、自動倉庫、平置き場
	9. 在庫量	在庫適正化が課題	在庫が増加する傾向にある
	10. 在庫期間	長い	長く滞留する商品がある

２．卸売業の販売活動

　販売活動の基本は、小売業に商品やサービスの販売である。

　商品の販売が主たる業務である。その例としては、定番で取り扱う商品の商談や特売企画商談である。

　自社開発の商品販売がある。

　サービスの販売に関しては、リテールサポートがある。最たる例が、小売業の物流センターを請け負うことである。

　売り場提案がある。

(1)メーカーとの事前商談

①得意先へ提案する「商品」を選定し、定番化の優先順位を決める。

②継続商品は、出荷実績から取引条件（納入価格や補償条件等）の見直しの有無を確認する。必要な場合は、取引条件を交渉する。

③廃番商品の情報を入手し、売場のメンテナンスを迅速に行う。

④得意先へ提案する「特売企画」に対する商談は、メーカーと目標配荷店舗数や目標売上金額等を立て、共有する。

展開方法、販促方法、販促納入価格を決定する。

⑤定番や販促時の納入価格は、適正粗利益が確保できるように、メーカーと交渉し、卸売業の粗利益や補償条件を決定する。

　売れ残った場合の返品可否の条件を、事前に決めておく。

（2）小売業との商談準備

①販売計画の立案

　販売計画は、目標を実績に対して110%～130%位に立てる。商談成約率が100%になるとは限らないから、目標は高めに計画する。

　販売計画を立てるには、次の通りにする。

　前年の企画内容、実績を確認する。

　商品、数量、期間、納入価格、補償条件を検討する。

②商談ツールの準備

A. 新製品の商談準備

　「説明書」は、新たに定番化を目論む商品の商品特徴や発売日等の説明用である。

　「販売・販促計画書」、「見積書」（「条件書」含む）を作成する。

　「棚割提案書」を作成するのは、棚割りの主導権を握り、売場の販売シェアを高める為である。

　「現品サンプル」によって、商談で得意先バイヤーの現品評価を確認することができる。

B. 特売企画の商談準備

　「企画書」「条件書」「エンド棚割り表」を作成する。

③商談のアポイント

　得意先の担当者に商談日時のアポイントをとる。

④商談日の前日

　商談ツール（上記②）と商談ポイントを整理して商談に備える。

(3) 小売業との商談

①商談には次の商談ツールを用意する

　「説明書」

　「販売・販促計画書」（特売企画の時「企画書」）

　「見積書」（「条件書」含む）

　「棚割提案書」（特売企画の時「エンド棚割り表」）

　「現品サンプル」

②商談をする

　商談時に商品等の説明をし、顧客の了解を得る。

商談内容は次の通りである。

A. 商談の目的

B. 商談の用件

「説明書」に基づき、商品の特徴や顧客のメリットを説明する。

「販売・販促計画書」と「見積書」を提示し、商品を展開する計画内容や価格等の具体的な説明を行う。

「棚割提案書」を提示する。

（特売企画も、同様に、顧客のメリットを説明する。）

③商談結果

A. バイヤーの同意を得られた時

　配荷の最大化を図る為に、導入店舗数、導入数量・金額、導入日時等を決める。

B. 商談が不成約の時

　メーカーと、提案目的、納入条件や販促計画等の練り直しを行う。

　バイヤーにアポイントを入れ、商談日時を決め再商談する。

（4）棚割とその展開

①棚割準備

　小売業から POS データを入手する。得意先の店舗別カテゴリー別の棚本数や棚段数、及び、カテゴリー別・棚割パターン別の帳合先別 SKU 数を把握する。商品の ABC 分析や陳列のスペースシェア分析等を行う。新規導入する商品の「棚割パターン別導入計画」を立てる。

　メーカー等から販促企画や広告宣伝等を入手し、効果的な販促を打ち、収益の最大化を図る。

②棚割実施

　棚割パターン毎の導入計画に基づき、取扱品目の拡大を図る。

　棚割終了後、必ず顧客の「棚割台帳」を入手する。店舗別の棚割パターン及び、帳合先別占有率の増減を検証する。

　配荷店の増減に応じて、「在庫設定値」の変更申請を行う。

　全店定番カットになる商品は、「取扱中止」を申請する。

　返品は、事前にメーカーと交渉して処分費等を捻出し、店頭処分で対応する。

③納品準備

　新規取扱いとなる商品は、「新規ロケーション」申請を行い、物流センターに「在庫ロケーション」を作る。

　特売企画商品は、「特売企画書」を発行して申請する。

注．在庫管理上、新商品取扱時に「在庫設定値」の設定又は申請、「商品取扱中止」や「新規ロケーション」の申請、「特売企画書」発行等、顧客を担当している販売担当しか知り得ない事情によって社内を動かす事務が発生している。

(5)小売業からの受注・納品の確認

受注・納品の確認事項は、次の点である。

・商談で決定した商品が、EOS 受信されているか。

・在庫引当後、欠品リストで欠品アイテムのチェックをしたか。

・商談アイテム、納品日、数量や納入価格が、計画通りか。

・新商品が、計画通りの数量で店舗へ納品されるか。

・得意先の納品ルール（納品日、納品時間、納品場所等）に従っているか。

・販売計画に対する実績の進捗はどのような状態であるか。

(6)返品・値引きの確認

・メーカー返品不可品や、得意先と合意のうえ返品を受け取らないと決めた商品が、店舗から返品されていないか。

・約束していない値引きが、発生していないか。

(7)代金回収

販売の基本業務は、商品の調達から売掛金の回収迄である。売掛金の回収業務は、売上代金である売掛金が現金化されるので、企業が存続するうえで欠かせない業務である。現在、代金は振込みされる。売掛金の回収業務は、キャッシュフロー計算書でいう「営業活動によるキャッシュフロー」の典型である(69頁、売上債権の増減参照)。

売掛金の未回収が発生すると、経理部より未回収報告がある。原因を調査して、経理部と協働して速やかに回収する。

3．卸売業の商品調達（定番と特売）

(1)定番販売と IMS

　卸売業は、メーカーから商品を調達する。また、卸売業は、定番と特売企画の違いを念頭において、小売業に販売している。

　卸売業が在庫管理で使っている IMS は、Inventory Management based Supply の略である。メーカーと卸売業の間で「卸店在庫管理型自動補給システム」として運営されている。IMS の基本になっている考え方は、基準在庫・発注補充システムである。IMS の特徴は、4 点ある。

　一つ目は、IMS は、定番品を対象にしている。定番に関わる商品の在庫設定やメンテナンスをして、卸売業からメーカーへの発注の自動化を図っている。

　しかし、IMS は特売企画品をシステムの対象にしていない。特売企画品は、卸売業毎に様々あり、個別には商品部又は販売部が企画し、販売部が小売業と商談をして取り扱いすることを前提にしている。特売企画品に社内の人的パワーを集中できるようにしている。なお、特売企画品の目安は、1 アイテム 1 行当り 10 ケース以上としている。

　二つ目は、商品の出荷日数と出荷金額によって、商品をランキングしている。売行きに応じて在庫を持つようにしている。

　出荷日数は、アイテム毎に日数ランクを 5 段階で設定する。出荷日数の多い方を日数ランク 1、出荷日数の少ない方を日数ランク 5 にする。

　出荷金額は、アイテム毎に出荷金額ランクを 5 段階で設定する。出荷金額の構成比の高い方が金額ランク A、低い方が金額ランク E にし

ている。

　三つ目は、出荷日数をベースに、在庫量と発注点を構築している。まず、営業日数ではなく出荷日数をベースにするとは、１日当りの実出荷量をベースにすることである。

　　　１日当り実出荷量＝期間出荷実績÷出荷日数

　基準在庫はアイテム毎の最大在庫として、基準在庫以下で在庫を運用する。最大保有日数は、実出荷量の何倍を持つか、言い換えれば、何日分の出荷に対応するかにしている。

　　　基準在庫量（最大在庫量）＝１日当り実出荷量×保有日数

　発注は、発注点方式をとる。発注点も、基準在庫と同じく、１日当りの実出荷量をベースに設定する。発注点の日数は、週の発注回数、リードタイム等を考慮し、基準在庫の保有日数と同じく、パラメタとして設定する。

　　　発注単位＝１日当り実出荷量
　　　発注点＝１日当り実出荷量の倍数（発注点日数の例：３日分）
　　発注量（補充量）の算出
　　　発注点を下回ることを条件に、発注量を決める。
　　　今日の発注量＝基準在庫量（最大在庫量）－今日の在庫量

　四つ目は、出荷変動に対応した最適在庫量を維持する。最新９週間の出荷実績で在庫設定し、毎週土曜日にコンピュータで在庫設定値（最大在庫量、発注点、安全在庫量）を更新する。

(2) IMS はアイテム別に基準在庫を設定する

①目標在庫金額の設定

　経営の視点で、販売計画に対して在庫をどれくらいで回すか決定する。例えば、今月の販売目標は 30 億円、在庫日数は 7 日にする時、目標在庫金額は 7 億円である（在庫 7 億円＝日商 1 億円×7 日）。

②基準在庫設定はアイテム別に行う

　各アイテムの出荷金額と出荷日数によってランク付けをする。ランク別に基準在庫保有日数や発注点日数を設定する。アイテム別実出荷量、基準在庫量や発注点を計算し、基準在庫金額を算出する。各アイテムの基準在庫金額を合計し、目標在庫金額と照合する。

<図表 3-3>基準在庫設定フロー

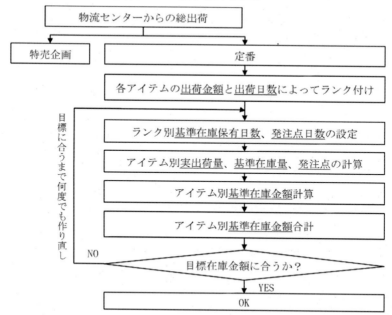

(3) IMS による在庫設定値の設例

①設例

　設例の対象アイテムは、「トップ替え」にする。その週別・曜日別出荷実績は下表の通りである。9 週間（×6 日/週＝54 日）の出荷実績は、総計 37,092 個、日平均出荷 687 個になる。

<図表 3-4>トップ替えの出荷実績

通算週	月	火	水	木	金	土	総計
1	115	1,002	39	920	747	35	2,858
2	882	504	49	585	16,745	128	18,893
3	934	591	76	383	358	75	2,417
4	534	614	54	513	437	122	2,274
5	504	595	57	510	164	93	1,923
6	530	522	43	648	158	91	1,992
7	789	442	82	416	928	77	2,734
8	427	462	22	741	145	74	1,871
9	894	497	30	395	261	53	2,130
総計	5,609	5,229	452	5,111	19,943	748	37,092
日数54日（6日/週×9週）、日平均出荷数(37,092個÷54日)							687

②金額ランクと日数ランクの設定と両者の関係

　金額ランクは売上の重要度、日数ランクは出荷頻度を表している。金額が上位ランクの商品は、在庫保有日数を多くすることで、品切れを回避するようにしている。金額ランクと日数ランクがともに下位ランクの商品は、売上は少なく、注文は滅多に来ない。

　金額ランクは、上位から、A：〜20%未満、B：20 以上〜40%、C：40〜60%、D：60〜80%、E：80%以上〜100%とする。金額ランクは、金額の平方根を取ると、ほぼ一定の基準でランク分けが可能である。

　日数ランクを設定するのは、出荷金額だけでは出荷日数の多い少な

115

いが分からないので、出荷頻度に応じた在庫の持ち方にする。従って、日数ランクは、1：営業日の80%以上（ほぼ毎日出荷）、2：80%未満〜50%（週2〜3回出荷）、3：50%〜20%（週1〜2回出荷）、4：20%〜5%（月1回〜週1回出荷）、5：5%未満（月1回出荷以下）とする。

　出荷日数と出荷金額の関係が、出荷日数多/出荷金額多、出荷日数中/出荷金額中、出荷日数少/出荷金額少の傾向の時、定番商品と推定する。

　出荷日数が少ないのに、出荷金額が多い時、期間限定品や特売セット品等と推定する。

　出荷日数が多いのに、出荷金額が少ない時、店舗からの発注の仕方を調べる。

<図表 3-5>IMS パラメタ設定例

		日数ランク														
		1			2			3			4			5		
		準基	注発	全安	準基	注発	全安	準基	注発	全安	準基	注発	全安	準基	注発	全安
金額ランク	A	6.0	5.0	4.0	6.0	5.0	4.0	4.5	3.5	3.0	2.0	1.0	1.0	1.0	1.0	1.0
	B	6.0	5.0	4.0	6.0	5.0	4.0	4.5	3.5	3.0	2.0	1.0	1.0	1.0	1.0	1.0
	C	5.0	4.0	3.0	5.0	4.0	3.0	3.5	3.5	3.0	2.0	1.0	1.0	1.0	1.0	1.0
	D	4.0	3.0	3.0	4.0	3.0	3.0	3.5	3.0	3.0	2.0	1.0	1.0	1.0	1.0	1.0
	E	3.0	2.0	3.0	3.0	2.0	3.0	2.5	2.5	3.0	2.0	1.0	1.0	1.0	1.0	1.0

③アイテム別在庫設定値を算出

　アイテム別に在庫設定値（最大在庫量、発注点数、安全在庫量）を算出するには、IMS パラメタの「金額ランクと日数ランク」を検出して、日平均出荷数を乗算する。

　「トップ替え」の設例に従うと、図表 3-4 から平均出荷数は 687 個/日である。トップ替えの実績から、IMS パラメタ（図表 3-5）は、日数ラ

ンク１、金額ランクＡとなる。従って、基準 6.0 日、発注 5.0 日、安全 4.0 日である。在庫設定値は、次のようになる。

・最大在庫量・・・日平均出荷数 687 個/日×6.0 日＝4,122 個
・発注点量・・・・日平均出荷数 687 個/日×5.0 日＝3,435 個
・安全在庫量・・・日平均出荷数 687 個/日×4.0 日＝2,748 個

(4) IMS の問題点と新方式 3D 計算の開発

　IMS を運用すると、次のような問題があったので、新方式 3D 計算を開発した。

①IMS の出荷数を使うと、受注数でない為に、欠品数を含まない在庫設定になる。それに対して、9 週間出荷実績の基になった「受注数」を使用することにする。

②IMS の週毎の更新の場合、実績の反映が１週間遅れる。それに対して、毎日、昼に在庫設定値を更新することにする。

③IMS パラメタで日平均出荷数を倍にしても、波動は考慮されていない。それに対して、波動を考慮して、3 日連続最大受注数＋土日最大受注数を使用する。

④突出した波動は、在庫設定値を上げる要因になる。

　定番の受注数が、受注数平均率 80％以上の時、日平均受注数に置き換えて算出する。

　受注数平均率は、次に式で算出する。

　受注数平均率＝日別受注数÷（日別受注数＋日平均受注数）

(5) 3D計算/受注数平均率で置換を検討する例
①日別波動がない時

日別波動がない時は、受注数平均率は80%以上にならないので、置換しない。

7月19日の受注数平均率＝100÷（100＋100）＝50％＜80％

<図表3-6>日別波動がない時

通算週	在庫引当日	曜日	受注数	出荷数	受注数平均率	受注数平均置換後
9						
(略)						
3	7/19	火	100	100	50%	100
3	7/20	水	100	100	50%	100
3	7/21	木	100	100	50%	100
3	7/22	金	100	100	50%	100
3	7/23	土	100	100	50%	100
3	7/25	月	100	100	50%	100
2	7/26	火	100	100	50%	100
2	7/27	水	100	100	50%	100
2	7/28	木	100	100	50%	100
2	7/29	金	100	100	50%	100
2	7/30	土	100	100	50%	100
2	8/1	月	100	100	50%	100
1	8/2	火	100	100	50%	100
1	8/3	水	100	100	50%	100
1	8/4	木	100	100	50%	100
1	8/5	金	100	100	50%	100
1	8/6	土	100	100	50%	100
1	8/8	月	100	100	50%	100
在庫引当日数54日			計5,400		日平均受注数100	

②曜日波動がある時

曜日毎に均等な受注数であれば、受注数平均率は 80％以上にならないので、置換しない。

7 月 19 日の受注数平均率＝100÷(100＋1,733)＝5％＜80％

7 月 21 日の受注数平均率＝5,000÷(5,000＋1,733)＝74％＜80％

<図表 3-7>曜日波動がある時

通算週	在庫引当日	曜日	受注数	出荷数	受注数平均率	受注数平均置換後
9						
(略)						
3	7/19	火	100	100	5%	100
3	7/20	水	100	100	5%	100
3	7/21	木	5,000	5,000	74%	5,000
3	7/22	金	100	100	5%	100
3	7/23	土	100	100	5%	100
3	7/25	月	5,000	5,000	74%	5,000
2	7/26	火	100	100	5%	100
2	7/27	水	100	100	5%	100
2	7/28	木	5,000	5,000	74%	5,000
2	7/29	金	100	100	5%	100
2	7/30	土	100	100	5%	100
2	8/1	月	5,000	5,000	74%	5,000
1	8/2	火	100	100	5%	100
1	8/3	水	100	100	5%	100
1	8/4	木	5,000	5,000	74%	5,000
1	8/5	金	100	100	5%	100
1	8/6	土	100	100	5%	100
1	8/8	月	5,000	5,000	74%	5,000
在庫引当日数 54 日			計 93,600	日平均受注数 1,733		

③突出した受注がある時

A. 7月29日（金）の受注数16,745個は、他の日の受注数より突出しており、受注数平均率は80％以上になるので、日平均受注数687個へ置換する。

　　7月19日の受注数平均率＝591÷（591＋687）＝46％＜80％

　　7月29日の受注数平均率＝16,745÷（16,745＋687）＝96％＞80％

<図表3-8＞日平均受注数を687個へ置換する

通算週	在庫引当日	曜日	受注数	出荷数	受注金額	出荷金額	受注数平均率	受注数平均置換後
9								
(略)								
3	7/19	火	591	591	153,397	153,397	46%	591
3	7/20	水	76	76	17,377	17,377	10%	76
3	7/21	木	383	383	99,263	99,263	36%	383
3	7/22	金	358	358	85,191	85,191	34%	358
3	7/23	土	75	75	19,511	19,511	10%	75
3	7/25	月	934	934	228,409	228,409	58%	934
2	7/26	火	504	504	130,642	130,642	42%	504
2	7/27	水	49	49	11,879	11,879	7%	49
2	7/28	木	585	585	146,155	146,155	46%	585
2	7/29	金	16,745	16,745	4,103,561	4,103,561	96%	687
2	7/30	土	128	128	33,771	33,771	16%	128
2	8/1	月	882	882	223,789	223,789	56%	882
1	8/2	火	1,002	1,002	245,056	245,056	59%	1,002
1	8/3	水	39	39	9,495	9,495	5%	39
1	8/4	木	920	920	236,089	236,089	57%	920
1	8/5	金	747	747	188,773	188,773	52%	747
1	8/6	土	35	35	9,381	9,381	5%	35
1	8/8	月	115	115	29,318	29,318	14%	115
引当日数54日			計 37,092	日平均受注数687				

B．7 月 29 日（金）の出荷実績 16,745 個を日平均出荷数 687 個に置換すると、日平均出荷数は 687 個から 390 個になる。

<図表 3-9＞日平均受注数を 687 個へ置換する

通算週	月	火	水	木	金	土	総計
1	115	1,002	39	920	747	35	2,858
2	882	504	49	585	687	128	2,835
3	934	591	76	383	358	75	2,417
4	534	614	54	513	437	122	2,274
5	504	595	57	510	164	93	1,923
6	530	522	43	648	158	91	1,992
7	789	442	82	416	928	77	2,734
8	427	462	22	741	145	74	1,871
9	894	497	30	395	261	53	2,130
総計	5,609	5,229	452	5,111	3,885	748	21,034
在庫引当日数 54			総計 21,034÷54 日＝日平均出荷数 390				

(6) 3D による在庫設定値の計算

　定番商品の発注で、在庫設定値（最大在庫量、発注点、安全在庫量）を、必要最小日数 3 日（提案日、発注日、入荷日）とする。

　9 週間出荷実績よりアイテム毎に週単位で連続する 3 日間の最大受注数と土日最大受注数で算出する。計算例を挙げる。第 1 週の月曜日 115 個、火曜日 1,002 個、水曜日 39 個から、月火水 3 日間の計は 1,156 個になる。同じ週の金曜日 747 個、月曜日 115 個、火曜日 1002 個から金月火 3 日間の計は 1,864 個になる。順次、この計算を繰り返す。

　図表 3-10 に見る通り、9 週間の内、第 7 週の金曜日 928 個、月曜日 789 個、火曜日 442 個の連続 3 日間が、最大の受注数 2,159 個になる。また、第 2 週の土・日曜日 128 個が、土日の最大受注数である。

<図表 3-10>連続する 3 日間の最大受注数と土日最大受注数を算出

通算週	月火水	火水木	水木金	木金月	金月火	土日
1	1,156	1,961	1,706	1,782	1,864	35
2	1,435	1,138	1,321	2,154	2,073	128
3	1,601	1,050	817	1,675	1,883	75
4	1,202	1,181	1,004	1,484	1,585	122
5	1,156	1,162	731	1,178	1,263	93
6	1,095	1,213	849	1,336	1,210	91
7	1,313	940	1,426	2,133	2,159	77
8	911	1,225	908	1,313	1,034	74
9	1,421	922	686	1,550	1,652	53
最大値	1,601	1,961	1,706	2,154	2,159	128

　3D 安全在庫数は、週単位で連続 3 日最大受注数と土日最大受注数を加算して算出する。計算例は、次の通り。

連続 3 日最大受注数 2,159 個（第 7 週 928+789+442）＋土日最大受注数 128 個＝3D 安全在庫数 2,287 個になる。

　3D 発注点数は、毎日発注するメーカーは 3D 安全在庫数 2,287 個と同じ値になる。

　3D 最大在庫数の計算は次のように行う。連続 3 日最大受注数 2,159 個より 1 日当り平均値 720 個である。720 個に 1.2 を乗算すると 864 個になる。1.2 の値は、発注数に影響する。毎日受注のあるアイテムでも 2.0 の必要はなく、波動が高くなければ 1.2 でも 2 日に 1 回の発注サイクルになる。3D 最大在庫数は、864 個と 3D 安全在庫数 2,287 個の和であり、3151 個になる。

3D 安全在庫数 2,287 個＋｛（3D 最大受注数 2,159÷3）×1.2=864 個｝
＝3D 最大在庫数 3,151 個

(7) IMS 計算と 3D 計算の比較

①出荷数と受注数のどちらを使うか

　3D 在庫設定値計算は、9 週間出荷実績の基になった受注数より算出する。その為、欠品が発生した時でも、欠品数分を含んだ在庫設定値になる。例えば、受注数 100 個、出荷数 96 個の時、受注数 100 個を使用する。

②在庫設定値算出

　IMS 計算は、日平均出荷数をランク毎のパラメタと乗算して、在庫設定値を算出している。その為、曜日波動の受注数に対して欠品する危険がある。

　3D 計算は、3 日連続最大受注数を使用する為、曜日波動に対して、欠品は軽減される。例えば、月木の受注数が多い時、木金月の最大受注数が安全在庫数に反映される。

③在庫設定値更新サイクル

　在庫設定値更新サイクルが、IMS 計算では、週 1 回更新であった。3D 計算では、毎日更新へ変更するので、より直近の実績を反映した在庫設定値になる。

<図表 3-11>IMS 計算と 3D 計算の比較表

相違点	IMS 計算	3D 計算
1.出荷数と受注数のどちらを使うか	出荷数 欠品数を含まないので欠品再発のリスクがある	受注数 欠品数含む
2.在庫設定値算出の仕方	IMS パラメタを日平均出荷数に乗算して在庫設定値を算出する	在庫設定値は、3 連続最大受注数＋土日最大受注数で算出する
3.在庫設定値更新サイクル	毎週土曜日の週一回夜間更新	毎日、昼に更新

④在庫数削減効果

定番在庫の設定で検討してきた IMS 計算と 3D 計算を在庫設定値で比較する（下表）。

在庫設定値では、IMS 計算より 3D 計算の方が、在庫数の削減効果が出ている。同じ条件で比較した時、最大在庫数は 971 個減少、発注点数は 1,148 個減少、安全在庫数は 461 個減少効果がある。但し、直近 9 週間の受注数以上の受注数が発生した時、欠品の危険性はある。

<図表 3-12>在庫設定値における IMS と 3D の効果比較

在庫設定値	IMS	3D	減少効果	効果率
最大在庫数	4,122 個	3,151 個	971 個	24%
発注点数	3,435 個	2,287 個	1,148 個	33%
安全在庫数	2,748 個	2,287 個	461 個	18%

IMS 計算にしても 3D 計算にしても、アイテム毎に見れば大した計算量ではない。もっと違うやり方の検討の余地はある。問題なのは、全アイテムかつ毎日になると、大変な計算量になることだ。計算の原理は人が考えることが要である。計算そのものはコンピュータを使って、高速で繰り返して計算する。

もっと大事なことは、在庫を削減しようとすると、何が在庫削減を妨げているのかを、アイテム毎に原因を大別してみることである。そして、アイテム毎に原因を発見することである。特に、アイテム別日別出荷量と組織の運営を調べてみることだ。原因が分かれば、手を打てる。

４．在庫に関する８ファイル

在庫は、在庫区分に従って次のような在庫ファイルが想定される。

<図表 3-13>在庫ファイル一覧

在庫区分		在庫ファイル	説明項目
通常在庫		通常区 特別区 PB 区	 (1) (2)
不要 在庫	特売企画在庫残 微動品 不動品 廃番品 メーカー返品在庫 メーカー返品不可在庫 不良品 取引中止メーカー在庫	在庫残区 微動区 不動区 廃番区 返品区 〃 D 区 〃	 (3) (4) (5) (6) 〃 (7) 〃
政策仕入在庫		外部営業倉庫に保管する	

注. 第３章第４節「在庫に関する８ファイル」の説明は、読み飛ばしても構わない。在庫ファイルのファイル名は説明用に付けた仮名である。

(1)特別区

①「特別区」の定義

　特別区は、メーカーが欠品している時、得意先の割当商品を確保する為であり、得意先別に販売が決定している商品を在庫する。

②特別区の運用

A. 入荷が予定通りか

A-1. 入荷が予定通りにある商品は、販売部門は通常どおり特売企画書

を発行する。特別区は、使用しない。

A-2. 入荷が予定通りではない商品で、仕入から出荷まで10日以内であれば、商品を確保する為、特別区を申請する事ができる。

B. メーカーが企業別に割当数を決定した商品

　販売部門は、特売企画書発行の時、特別区を申請して、メーカー割当商品を仕入れる事ができる。メーカーが該当企業分として入荷伝票番号を指定し、かつ確実に入荷する場合に限る。

C. 社内で企業別に割当する商品

　社内で得意先別に割当する商品は、販売本部で商品を特定し、出荷数実績をベースに割当数を決定し、特別区へ振り分ける。

D. 政策的な仕入

　商品部が、商品確保の為に仕入れる商品で納品日が確定していない時、外部の営業倉庫に保管する。例えば、保冷商品で夏季シーズン中、長期にわたり出荷する商品を一括仕入れる時である。

<図表3-14>商品不足に関する特別区の運用例

種別		特別区	実行者	
			特別区申請	特別区振替入力
通常品	A-1 入荷予定通り	使用しない	なし	なし
	A-2 入荷予定通りではない	使用できる	販売	物流部
割当	B メーカーが企業別に割当	使用できる	販売	物流部
	C 社内で企業別に割当	使用できる	なし	商品部
D 政策的な仕入		使用しない営業倉庫利用	なし	なし

(2)プライベートブランド区(PB区)

①PB区とは

　PB区は、ある企業のPB商品が、他の企業に、出荷されないようにする仕組みである。「商品マスター」と「得意先マスター」に「PB区」という区を設けて、ダブルチェックする。チェック方法は、商品マスターのPB区と、得意先マスターのPB区が合致しない限り、出荷指示をしない。

②PB区を設定する商品

　PB区を設定する商品は、以下の通りである。

A. 企業プライベートブランド商品

　例：セブンプレミアム、くらしモア、Vマーク等の企業又は小売グループのプライベート冠ブランド商品。

B. 企業名が記載されている商品

　例：パッケージの裏面に販売者である小売業名または小売グループ名が記載されている商品。

C. 企業又は小売グループの為だけにメーカーが作った専売商品。

　例：企業名はないが、パッケージをその企業向けだけに変更したNB(ナショナルブランド)商品。容量をその企業向けだけに変更したNB商品。おまけ付、増量品、仕様変更品等。

D. 通常商品に得意先のPOP等を取り付けた商品

　得意先がすぐに店頭化できるようにセット品に得意先の売価入りPOPやインストアプライスカード等を貼り付ける加工を施した商品。この場合は、商品部に申請して商品コードを別に取得する。

③商品登録における PB 区確認

　商品マスター登録時点に、PB 区が正しく、かつ漏れなく登録されるように運用をする。商品部で商品登録した時や、販売部で新規取扱いをする時、二重のガードをかけて PB 区登録漏れをなくす。

　商品部は、商品取扱いを決定する時や、仕入価格、返品可・不可等の取引条件を確認する時、その商品が PB 商品または企業限定商品であるかを確認する。商品部は、2 つのパターンで商品登録をする。

PB 区の確認は、下図で言うと、実線枠のフロー時に行われる。

<図表 3-15 >商品マスター登録

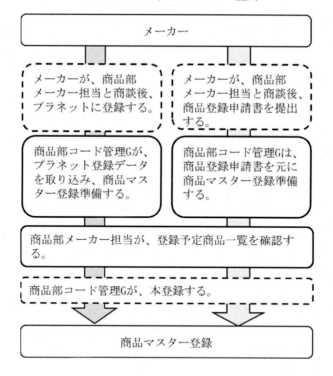

　販売部は、商品部メーカー担当者に、企業限定品の取扱いであることを文書で連絡する。販売部は、商品部が万一の登録漏れを想定して、新規ロケーション申請時に、PB 商品に PB 区が登録されているかを確認する。

(3) 微動品
①微動品の定義
　微動品とは、7ヶ月間の出荷で各月 2 個以下、累計 14 個以下の商品を対象とする（会社によって様々な基準があるが、一例を取り上げる）。
　微動品の定番カットは、春夏期（2 月〜8 月）を対象に 9 月、秋冬期（8 月〜2 月）を対象に 3 月と、年 2 回実施する。
　候補期間に 8 月と 2 月を含むのは、夏季や冬季の季節商品（保冷、サンタン商品、カイロ等）を考慮する為である。
②春夏期（2 月〜8 月）の候補商品の抽出
　2 月〜5 月の 4 ヶ月間で、微動品カット対象となる候補商品を抽出する。抽出基準は、2 月〜5 月在庫がロケーションに存在し、毎月の出荷が 2 個以下、2 月〜5 月の出荷数が 8 個以下の商品が、微動品カット候補である。
　6 月初旬に「微動品候補リスト」を配信する。「微動品候補リスト」をもとに、棚割等で配荷拡大提案、又は差し替えを提案する。
③秋冬期（8 月〜2 月）の候補商品の抽出
　8 月〜11 月の 4 ヶ月間で、微動品カット対象となる候補商品を抽出する。抽出基準は、8 月〜11 月を対象とし、春夏期と同様の基準である。12 月初旬に「微動品候補リスト」を配信する。

④微動カット候補品の提示月

　提示月を 6 月初旬と 12 月初旬にしているのは、6 月〜8 月と 12 月〜
2 月の棚割時期に、商品の継続について中止するかを検討する為である。

⑤春夏期 2 月〜8 月の確定時期

　9 月に微動カット対象商品が確定される。販売継続するには、2 月〜
5 月の微動カット品候補に対して、配荷店拡大または企画採用を行った結果、6 月〜8 月で月 2 個以上出荷することである。微動カット候補品に対して、その後の出荷数が月毎 2 個以上になった、即ち配荷拡大ができた結果の商品のみ継続する。

　微動カット品として確定した商品は、全て取り扱いを中止する。

⑥秋冬期 8 月〜2 月の確定時期

　3 月に微動カット対象商品が確定される。販売継続するには、8 月〜
11 月の微動カット候補品に対して、配荷店拡大または企画採用を行った結果、12 月〜2 月で月 2 個以上出荷することである。

⑦各部の対応

　商品部は、微動カット対象商品を販売部に配信する。春夏期分は 9月第 3 営業日に、秋冬期分は 3 月第 3 営業日である。

　販売担当は、微動カット候補商品の販売継続又は中止を決定する。販売継続の時、得意先に対して導入店舗数の拡大と企画採用を提案する。販売中止の時、得意先棚割よりカットし、売れる商品や新商品に差替える。

　販売部は、微動カット対象品の内、カットを除外する理由がある時、「6 ヵ月不動品・微動カット品除外申請書」を 9 月又は 3 月の第 7 営

業日前迄に申請する。

　商品部は、承認された商品を対象商品から外し、微動カット対象商品を決定する。商品部は、微動カット対象決定商品を物流部に、春夏期は9月第7営業日に、秋冬期は3月第7営業日に配信する。

(4) 不動品

① 不動品の定義

　不動品は、6ヶ月間出荷なし・入荷なし商品を対象とする。不動品となった時点で、不動品は、在庫設定値（最大在庫量、発注点、安全在庫量）を0にする。在庫設定値が0になる為、メーカーに対する発注はない。同時に、不動品フラグが、商品毎に設定される。

　「不動品対象リスト」が、商品部より毎月第2水曜日に配信される。

　不動品フラグの設定がある商品は、再度取り扱う妥当な理由がない限り、再取り扱いをしない。

② 不動品の取扱

A．不動品は在庫をカットする

　6ヵ月間1個も売れない商品を店頭に置き続ける事が眼目ではない。売れる商品を代替提案することだ。上長は、売れる店頭作りをするように不動品の取扱状況を確認して指導する。

　不動品は、通常区在庫ロケーションより返品区に移動し、カットする。得意先で定番取扱である時でもカットする。

B．不動品扱いしない事例

　不動品でもカット対象にしない商品に、ブランドメイク商品がある。カセット什器による定番展開である為、不動品となったアイテムでも

ロケーションはカットしない。例えば、商品番号7番が不動品だから
と言ってカットにすると、定番を維持できない。それで、不動品除外
対象にしている。但し、不動品アイテムがある時、ブランドメイク商
品が店舗で適切な配荷なのか、陳列なのかを吟味する。ブランドを変
えたり、店舗によっては定番陳列を止めたりすることがある。

(5)廃番品

　廃番品は、廃番日の1ヶ月前に発注点を0に変更する。以後、メー
カー発注が出ないようにしている。

　廃番日の翌日に通常区在庫ロケーションをカットする。

　毎月第2水曜日に、前月末時点の「メーカー廃番在庫リスト」を配
信する。

<図表3-16>メーカー廃番品の処理基準と責任部門

在庫タイプ	返品フラグ	在庫返品処理基準と責任部門	
廃番品 (良品在庫)	10番台 (返品可)	汎用LC	物流部が返品処理をする
		専用LC	販売部が返品指示をする
	30番台 (返品不可)	商品部が返品交渉を実施し、返品指示を物流部に行う	

(6) 返品

①返品の削減

　返品可のメーカーは、物流センターでメーカー返品する。

②無返品メーカーの削減

　無返品メーカーを販売部要件で口座開設する時、無返品リベート率を確認するとともに、返品できるように交渉する。

　無返品メーカーの商品を得意先に新規導入する時、得意先とメーカーとの間で、無返品契約になっていることを確認する。

　無返品契約の商品が得意先から返品された時、メーカー返品の承諾をメーカーに得ているかを確認する。

<図表 3-17>返品区在庫の処理基準と責任部門

在庫タイプ	返品フラグ	在庫返品処理基準と責任部門	
返品区在庫	10番台（返品可）	汎用LC	物流部が返品処理をする
		専用LC	販売部が返品指示をする
	30番台（返品不可）	商品部が返品交渉を実施し、返品指示を物流部に行う	

(7) D 区

D 区は、民事再生法が適用されたメーカーや取引中止メーカーの商品に適用される。

また、D 区は、物流センター責任による破損品を計上する。破損品をメーカー返品可アイテムとメーカー返品不可アイテムに仕分ける。返品可アイテムは、返品区に振替しメーカーに返品する。メーカー返品不可アイテムは、物流センターが廃棄申請し、承認後、処分する。

(8) 販売基本業務サポート資料

販売基本業務を具体的に進めていく上で、必要な業務マニュアルやルールがいろいろある。また、コンピュータでサポートされる業務は各社様々である。

<図表 3-18>コンピュータでサポートされる想定業務の例

業務項目	内容
1. 小売業と新規取引をする	・口座開設申請書（新規取引の開始に必要な書類）　受注や納品条件等新規取引先との取引条件を明確にする
2. 商品を取り扱う	・商品登録・ロケーション申請　（目的・対象・方法・期限） ・新規取扱商品の定番化基準の設定
3. 特売企画書を発行する	・特売企画書発行の決まり事 ・販売計画に基づいた特売企画書の発行 ・特売企画ヒット率の向上 ・特売企画在庫残の処理

4. 商品を納品する	・前日納品実績の対する欠品理由及び発注残情報
	・納品率向上に向けた欠品事由別の行動
5. 適正な在庫をもつ	・特別区の定義と利用原則、運用ルール
	・PB区の定義と対象、商品登録方法、運用ルール等
	・微動品の定義と対象、微動品に対する行動依頼
	・不動品のロケーション申請
	・無返品メーカー取扱ルール
	・返品在庫の処理基準と責任部門
	・廃番在庫と不動品運用ルール

5．在庫削減の事例研究

(1)卸売業の在庫
①通常在庫・不要在庫・政策仕入在庫の現状

　卸売業 A 社の決算書では、売上高は、2009 年度から 2013 年度迄の会計年度(4 月-3 月)毎に増加している（2011 年 3 月 11 日発生の東日本大震災の影響を除く）。売掛金も同様なことが言える。

　商品の在庫額は、2010 年度は上記理由により増額し、6,199 百万円になった。2013 年度は 5,097 百万円と 11 億円減少した。在庫日数は、2010 年度の 21.5 日から 2013 年度には 16.2 日になった。

＜図表 3-19＞在庫金額の推移 （単位：百万円）

勘定科目	2009 年度	2010 年度	2011 年度	2012 年度	2013 年度
売上高	105,725	105,163	105,733	107,633	115,084
日商 [1]	290	288	290	298	315
売掛金	11,702	12,873	14,525	15,510	17,252
総資産計	35,004	37,057	37,519	37,880	39,426
商品・製品	5,233	6,199	5,323	5,009	5,097
在庫日数 [2]	18.0 日	21.5 日	18.4 日	16.8 日	16.2 日

注 1)日商は、売上高÷365 日で算出。
注 2)在庫日数は、B/S 上の「商品及び製品」÷日商で算出。

　卸売業の在庫を、通常在庫、不要在庫と政策仕入在庫の 3 つに区分してみる。卸売業 A 社の在庫構成比をみると、通常在庫 70%、不要在庫 20%、政策仕入在庫 10%である。特売企画残在庫は、全在庫の内 11%、不要在庫の内 54%になる(図表 3-20)。

<図表 3-20＞卸売業の在庫には何があるか

在庫区分		在庫金額 （百万円）	構成比 (%)	在庫日数 （日）
通常在庫		3,664	70%	12.6 日
不要 在庫	特売企画在庫残	566	11%	
	不動品・微動品	166	3%	
	廃番品	98	2%	
	メーカー返品在庫	219	4%	
	メーカー返品不可在庫	－	－	
	（小計）	1,049	20%	3.6 日
政策仕入在庫		520	10%	1.8 日
合計		5,233	100%	18.0 日

②卸売業の在庫適正化のゴール

　卸売業の在庫適正化のゴールは、定番売上はアイテム毎の在庫設定値（最大在庫量、発注点、安全在庫量）次第である。特売企画でも基本的には在庫設定値による。在庫日数は 7 日から 10 日で良いはずである。2013 年度の在庫日数は、16.2 日なので、目指すゴールには、ほど遠い在庫日数のように見える。しかし、達成できないわけではない。まず、通常在庫を適正化することである。2009 年度決算の棚卸資産は 5,233 百万円である。内通常在庫 3,664 百万円の在庫日数を 7 日から 10 日にすると、通常在庫は 2,030 百万円〜2,900 百万円になる。次に、不要在庫と政策仕入在庫は、ゼロ化することである。

　以上 2 点の施策を実現すると、在庫 5,233 百万円は、理論上、2,030百万円〜2,900 百万円になり、在庫日数は 7 日〜10 日になる。物流センターは、ケース及びピースのピッキング間口を考慮しても、在庫スペースを大幅に削減できる。

（2）納品率

①納品率

　卸売業は、小売業が発注した商品を、得意先との間で決めた契約に従って、全量納品する。これは、卸売業の基本的な機能である。

　受注数＝出荷数＋欠品数　　となる。

　納品率とは、分母は得意先からの受注数、分子は出荷数であり、分子を分母で除した割合である。

　納品率＝出荷数÷受注数×100

　欠品率＝欠品数÷受注数×100

　欠品率＝1－納品率

　得意先から求められている納品率は、99％〜99.5％以上である。即ち、受注 1,000 個に対して 990 個〜995 個以上の納品が求められている。その為に、出荷平均値±標準偏差が、$\mu \pm 2.81\sigma$ であれば、区間内になる確率は 99.5％である（38 頁）。納品率が 99％〜99.5％（$\mu \pm 2.58\sigma \sim \mu \pm 2.81\sigma$）以上であれば、小売業の信頼を得ることできよう。

②欠品の発生原因

　欠品の発生原因には主に 5 つある。即ち、a. 在庫設定の依頼遅れ、b. 在庫設定値ゼロと扱わない、c. 新商品の連絡漏れによるロケーションなし、d. 販売部門からの廃番品扱いの連絡なし、e. 特売企画品の連絡なしである（図表3-21）。

　これらの発生原因は、販売員と得意先しか知り得ないことに基づいている。納品率を改善していくには、主に業務遂行時の組織上の原因追及と、その欠品発生原因を潰すことである。

<図表3-21>欠品発生原因

欠品発生原因	原因の内容
a. 在庫設定の依頼遅れ	新規定番品の在庫設定登録遅れである。
b. 在庫設定値ゼロと扱わない	定番カット後に得意先から受注がある。
c. ロケーションなし	新規取り扱い品の申告漏れ、 廃番品受注等がある。
d. 廃番品扱いの連絡なし	廃番予定商品の受注、 廃番日を過ぎた時に受注、 棚割りカット品の受注等がある。
e. 特売企画の連絡なし	特売企画の申請漏れや申請遅れがある。 特売企画品発注数が不足している。 申請在庫引当出荷日違い。
f. メーカー入荷遅れ	前日迄の発注残がある時は、メーカーの遅納や欠品の可能性が高い。
g. 受注数増加	欠品した企業の受注数が、適正在庫数以上ある時。 欠品した企業の受注数は多くないが、他企業の受注数が適正在庫量以上になる時。 前日の受注数が増加して、補充が遅れている時。
h. 不動品・微動品の受注	不動品や微動品を受注する。 在庫マスターの不動品や微動品の季節指数等が不適切である。
i. 通常出荷と特売企画出荷が同日	通常出荷と特売企画出荷が同日の時、特売企画数が少ない、あるいは、他企業の通常出荷が多いことが考えられる。

(3)通常商品の取扱

①商品のロケーション申請の目的

　商品のロケーション申請は、在庫管理を効率的に行う為に、新規・変更・抹消を行う。

A.　新規申請

　販売担当は、新規取扱い商品の時や季節品を取扱う時、物流センターに商品が入荷する 10 日前迄に申請する。

B.　変更申請

　得意先の店舗数や在庫設定に変更が生じる時、取扱変更が実施される 10 日前迄に申請する。

　定番の取扱い店舗数が増減する時を例として取り上げる。

　取扱い店舗数が 300 店舗から 5 店舗になる時、申請が無ければ、300 店舗の在庫設定値および在庫のままである。棚割で取扱店舗の縮小が確定した時点で変更申請すると、店頭が切り替わるタイミングで在庫は調整される。

　逆に、取扱い店舗数が 5 店舗から 300 店舗になった時、在庫設定値を 300 店舗の在庫に設定しないと、欠品発生の原因になる。

C.　抹消申請

　販売担当は、得意先で商品の取扱いが中止決定されたら、速やかに抹消申請する。抹消申請が無いと出荷がないにも関わらず、在庫設定値の在庫を持ち続ける。

②新規・変更・抹消申請の問題点と対応

A.　販売担当は、商品取扱の事前申請期日を遵守する。

　新規申請は、入荷する 10 日前迄の申請が基本である。ロケーション

のない商品は、メーカーに発注ができない。緊急でロケーションを作成し、メーカー発注を行う事は、手間とコストがかかる。また、事務や作業の生産性が低下する。

B. 小売業に少量販売の時、仕入ロット単位でメーカー発注するので過剰在庫になる。

　メーカーは、生産や輸送合理化等の為、卸売業向けに販売基準を作った。卸売業からメーカーへの発注がケース発注以上、又は、注文金額が何万円以上であれば、メーカーは販売基準に従い納品する。これがメーカー受注（卸売業発注）時の制約条件[1]になる。

　例えば、商品のケース入数が 64 個の時、卸売業が小売業に納品必要数は単品 50 個であるとする。1 ケース以上の発注が販売基準の時、卸売業は 1 ケース仕入れて、小売業に 50 個出荷した残 14 個が、卸売業の在庫残になる。

　対応としては、次の通りである。

・メーカーの仕入単位を変更する。

・得意先の定番化基準（配荷店舗数と配荷金額等）を設定する。

・定番導入前に、メーカーと販売不振の場合の処理方法を商談する。

注 1) 制約条件は、TOC(Theory of Constraints, 制約理論または制約条件の理論)による。TOC は、どんなシステムであれ、常に、ごく少数の要素又は因子によって、そのパフォーマンスが制限されるという仮定から出発した経営改善の手法である。TOC でいう制約条件とは、企業が目指している目的に到達しようとするのを妨げている要因のことである。パフォーマンスが制限するものは、システムの制約又は制約条件と呼ばれる。制約にフォーカスして問題解決を行えば、小さな変化と小さな努力で、短時間の内に、著しい成果が得られる。制約と非制約の区別を欠いた如何なる努力も決して実を結ばない。また、制約が新しいところに移ると、システムはそれまでと全く別ものになる。さもないと、古い方針そのものが制約になる。
出所：日本 TOC 協会「TOC の基本の考え方」一部編集
参考図書：E.M.Goldratt『ザ・ゴール』

具体的には、店頭処分価格の確約、在庫残返品、得意先返品の入帳価格交渉である。

C.　商品取扱の抹消は、必ず申請する。

　販売担当は、棚割り等で商品取扱い中止が決定したら速やかに抹消申請する。抹消申請は少なく、抹消申請の割合は新規申請20件に対して抹消申請は1件程度である。抹消申請を怠った為に、過剰在庫になることが多い。

(4)特売企画品の取扱

①特売企画申請と業務の流れ

　特売企画申請とは、得意先に特売企画商品を販売する計画に基づいて申請する事である。特売企画申請の業務は、販売担当が、特売企画の「販売計画案」を立案し、上長に相談する。

②特売企画申請対象商品

　特売企画申請の対象となるのは、特売企画導入商品に限る。

　特売商品に対して注文数を確定できない時、販売担当は注文数を予測し、メーカーに発注依頼を行う。予測数よりも売れなかった時、過剰在庫になる。

③特売企画申請

A.　販売計画し、得意先と商談する

　提案数量を作成する。提案数量は、コンピュータに記録されている過去の企画実績や、過去1年間の特売企画履歴や実績に基づく。

　商談で提案し、販売数量を確定する。商談時に、得意先と販売計画数を決めて合意することが基本である。しかし、商談時には、特売企

画案の合意までで、販売数量の決定は、店舗に委ねられていることが多い。

B．特売企画の発注数量の精度向上

　小売業の商品部は、商談で特売企画の販売計画数を店舗発注に一任することが多い。その為、卸売業は、販売計画数を過去の時系列データから予測する。過去の特売企画の販売実績を活用するも、経験や勘で販売計画数を申請することと同じような結果になる。特売企画の販売実績と予測値が相違しており、不要在庫という悪しき結果になる。

　違う視点で言えば、店舗毎の立地や商圏の消費者の特異点をデータ化することである。売上高＝客数×客単価であるから、買い物する客数や客単価のシミュレーションをして、購買要因の予測レベルを上げることである。

C．特売企画の申請は、販売計画の確認であると同時に、商品をメーカーから購入する手続きになる。

④特売企画申請期日

A．通常は、在庫引当・出荷日の5営業日前迄に申請する。

B．特定メーカーとの間で「数量引き」に関わる発注がある。発注Gがメーカー発注日の前日迄に、販売担当は発注数量を計画し依頼する。数量引きに関わる特売企画を緊急で、例えば当日朝に依頼しても、数量引きを考慮した発注はできない(97頁〜98頁)。

C．特売企画の小売業への納品日は、卸売業が在庫引当をして小売業に出荷する日である。

⑤物流センターにおける不要在庫の問題

　物流センターに限ると、不要在庫が在庫金額全体に与える影響は30%である（下表）。特売企画在庫残在庫金額は、全体で 25%、不要在庫の中で83%と大きな割合を占めている。

<図表 3-22>K 物流センター在庫金額と数量の例

項目		在庫金額 （百万円）	構成比 (%)	在庫数量 （千本）	構成比 (%)
総在庫		1,349	100%	4,646	100%
通常在庫		947	70%	3,401	73%
不要在庫	特売企画残	335	25%	1,026	23%
	不動品	40	3%	114	2%
	微動品	27	2%	105	2%
	計	402	30%	1,245	27%

　在庫保管設備のピッキング間口では、不要在庫がケース間口に与える影響は 48%、ピース間口に与える影響は 38%である（下表）。この為、入荷商品に対してコンピュータで自動的に入庫間口割り当てをしているが、出来ないことがある。だからこそ、不要な特売企画残在庫を減少することや、不動品・微動品の削減が、在庫削減になり、スムーズな物流運営やコスト改善へと繋がる。

<図表 3-23>K 物流センター在庫間口ベース

項目		ケース 間口	構成比 (%)	ピース 間口	構成比 (%)
総在庫		10,308	100%	21,952	100%
通常在庫		5,386	52%	13,695	62%
不要在庫	特売企画残	4,253	41%	2,243	10%
	不動品	381	4%	2,340	11%
	微動品	288	3%	3,674	17%
	計	4,922	48%	8,257	38%

⑥定番と特売企画の登録手順

<図表 3-24 >定番と特売の商談と登録手順

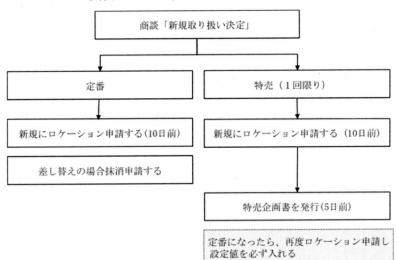

在庫設定値には、既述の通り、最大在庫数、発注点と安全在庫数がある。新規取り扱い時には、設定の簡便法として、最大在庫数は、企業が取扱開始後１週間の出荷想定数を記載する。

計算式は、

最大在庫数＝取扱店数×１店舗平均想定週販数　　である。

適正在庫数は、最大在庫数の 70％の数値を便宜的に記載する。

(5) 在庫削減の視点

通常在庫、不要在庫と政策仕入在庫の削減案を検討する。

①通常在庫の削減

卸売業の定番売上の出荷は、通常在庫（通常区）が充てられる。

在庫が過大にあれば、営業キャッシュフローを悪化させる。その為に在庫削減を図る。製・配・販の商品の流れを時間軸で検討すれば、どこで在庫が滞っているかが分かる。

A. 取扱アイテムの出荷数と出荷頻度を見直しする。

取扱アイテムには、売れる商品もあれば、売れない商品もある。アイテム毎に出荷数に見合った在庫にすることである。売れなくなった商品（微動品・不動品）を早期に発見し、取り替えることである。

また、売れないアイテムの取扱を止めると、ロケーション削減が可能になるので、保管棚の配置変更がやり易くなる。売れなくなったアイテムの在庫残数を無くし、在庫日数を下げることが出来る。

B. 通常在庫の内、定番分は、メーカーと卸売業間で IMS（Inventory Management based Supply）が適用され、自動発注・補給システムが稼働している。この計算式を見直し、3D 計算を開発している。

通常在庫は、特売企画品の在庫の取扱次第であることが多い。

C. メーカーと交渉して発注条件を緩くする。

小売業の商品別店舗別の販売実績を分析することが前提である。商品によっては、過剰発注を防げる。

D. 出荷実績に基づき在庫設定値の見直し

1ヶ月内の出荷日数によって、在庫設定値を見直す。

1ヶ月内の出荷日数に対応した出荷日数率を任意に決める。ここで

は 24.3 日を出荷日数率 100％とし、1 日増減する都度、在庫設定値を 3％増減することとする。

　1 ヶ月内の出荷日数が高いほど、出荷日数率は高くなり、1 ヶ月内の出荷日数が低いほど、出荷日数率は低くなる。これに従って、在庫設定値（最大在庫数、発注点(補充点)、安全在庫数）も上下する。

　見直し後の在庫設定値＝在庫設定値×出荷日数率

　ある商品の最大在庫数を日平均出荷数 20 個×21 日＝420 個、

　発注点を同 20 個×16 日＝320 個、

　安全在庫数を同 20 個×15 日＝300 個とする。

　1 ヶ月内の出荷日数が 26 日の時、出荷日数率は 105％となるので、

最大在庫数は、420 個×1.05＝441 個

発注点は、　　320 個×1.05＝336 個

安全在庫数は、300 個×1.05＝315 個　になる。

<図表 3-25>出荷日数率による在庫設定値の決定の例

1 ヶ月内の出荷日数	出荷日数率	在庫設定値		
		最大在庫数	発注点	安全在庫数
ある商品の在庫設定値		420	320	300
26 日	105%	441	336	315
25 日	102%	428	326	306
24 日	99%	416	317	297
23 日	96%	403	307	288
22 日	93%	391	298	279
21 日	90%	378	288	270
20 日	87%	365	278	261
19 日	84%	353	269	252
18 日	81%	340	259	243
17 日	78%	328	250	234
16 日	75%	315	240	225
15 日	72%	302	230	216

②特売企画商品の削減

　特売企画売上は、申請によって通常在庫が引き当てられて出荷する。売れ残った在庫は、不要在庫（特売企画在庫残）になる。特売企画在庫残は、削減効果が確実に得られる商品に集中して削減する。又は、主力メーカー商品を重点的に削減する。

　特売企画に定番商品を使うのであれば、売れ残っても定番に変更することができる。特売企画在庫残商品の次回納品に向けて得意先と商談する。また、他社への販売も可能である。

　特売企画が小売業の独自色を出す企画であり、他社の定番に転用できない特注品の時、売れ残ると卸売業の不要在庫になる。それを回避するには、小売業が、特売企画の数量を確定できるかにある。即ち、特売企画を、小売業との間で、納品数量確定制又は売り切れ制（小売業による買取制）にする。この点を明解にすれば、製・配・販の在庫問題は見えてくる。

③返品在庫の削減

　長年の商慣行によって、売れなければメーカーに戻せばよいとの地合いをメーカーや流通業は作ってきた。仕入れる側の商品の目利きが問われる。商慣行を改変し、返品を止めることである。

④政策仕入在庫の削減

　仕入先のメーカーから不急の商品を安くするからと言われても、仕入れることを止めることだ。多くは過剰在庫になる。百歩譲って、やむを得なく仕入れる時、通常在庫と同様に、真に需要のある商品をいつまでに売り切るかを検討の上、仕入れることである。

(6)組織運営上の課題

①部門管理

　マネジメントの基本は、目標に向かって計画的に仕事を行うことである。会議等で言うべきことを発言した上で、決定した方策や計画は実践する。方針が決まっているならば、行動規範として重要なことは、当事者意識である。他責にしても、何も生まれてこない。自分に何ができるのかを問い、行うことが出発である。そうすれば、わからないことがあっても、人に聞くことができる。

　部門長の業務に部下の指導育成がある。管理者に委ねられた重要な任務である。日頃から部下と向き合って客先の課題を共に検討することである。特売企画の立案に際し、商品の調達や販売のプロセスで計画や評価段階で、部下の成熟度を加味した上で、関与するのは部門長の責務である。

②実務に通暁する

　実務に通暁し、仕事の流れ全体を掌握していることである。業務の改善やルール決めは会社として決定するが、実行するのは販売担当である。それを指導する上司は、仕事の仕組みを理解していることである。仕事の仕組みを知っていると、改善する時に適切なアドバイスができる。

　在庫は、売場作りに始まる。どの商品がいくつ店舗で売れるのだろうか、来店客に買ってもらえる施策だろうか、の予算作りから始まる。定番分の売上見込がつけば、次は特売企画品（エンド、チラシ等）である。特売企画は、店舗の商圏と来店者、企画の予算や販促計画から設定される。

③コンピュータによる3つの仕組み

　一つは、受注実績履歴や特売企画発行履歴がある。特売企画は、確定数を発注することが基本にある。特売企画発注数量が確定していない時、予測数量を過去実績で確かなものにする為に、受注実績履歴が用意されている。従って、自分がいくつ販売するのか明確にして商談することである。

　二つ目は、リアルタイムにアイテム別の在庫数量情報が提供されるので、現在の在庫数量を確認できる。但し、今時点の在庫が表示されるのであって、他の得意先でいつ販売されるか迄はわからない。

　三つ目は、特売企画残の企業別・拠点別の実績が配信される。販売担当が売り切ったかどうかを確認する。

④発注部門とその責任

　過剰な在庫は、組織的に管理されていないから起きる。在庫の多くは、販売担当任せになっている。販売の部門長は、商品運用ルールの目的と運用方法を部下に伝えることである。

A. 通常在庫は、定番分が自動発注されている。

B. 不要在庫の内、特売企画在庫残、微動品、不動品、廃番品、返品在庫等いずれも、販売部門に起因することが多い。

C. 上長の承認もなく、販売担当の起案で商品を調達することがあってはならない。

D. 政策仕入は、商品部が起案し、稟議決裁（本部長又は社長）の元で行われる。

６．経営戦略から見た組織課題

(1)業務プロセス/バリューチェーン

在庫管理は、卸売業の組織全体の運営に関わる。そのプロセスは、業務プロセスとして企業内部に確立している。企業のバリューチェーンと言われたりする。

M.ポーターは、『競争優位の戦略』(1985年)で、「バリューチェーン(Value Chain)」を提示した。バリューチェーン分析では、主にメーカーを対象にした企業の活動を5つの主活動と、それを支える4つの支援活動に区分した。そこに利益（マージン）を加え、企業が製品に付加価値を生み出す構造を示した（下図）。

<図表3-26>ポーターのバリューチェーン

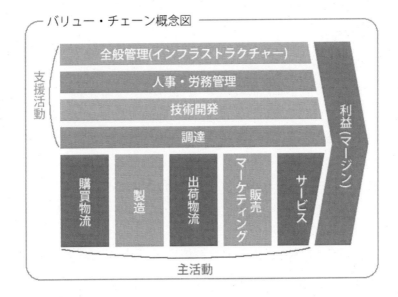

まず、企業がモノを製造・販売する時、原料の調達から購入者のサポートに至る迄の事業活動の流れを整理している。

次に、どの工程で高い付加価値を生み出しているか、あるいは、どのプロセスが弱点になっているか等を把握できるようにした。バリューチェーンは、自社の強み・弱みを理解することになる。

バリューチェーン分析をする上で注意することは、企業活動の針路となる方向と、事業活動の流れや自社の強み・弱みをセットで考えることである。前者は「顧客にどのような価値を提供したいのか」そして「将来的に何を目指しているのか」である。

(2)ケイパビリティ派の内部環境「7S」

　M.ポーターに代表されるポジショニング派の後、ケイパビリティ(組織・ヒト・プロセス等の企業能力)派が優勢になる。ケイパビリティ派は、内部環境が大事である、自社のケイパビリティ(企業能力)の強みで戦えば勝てる、と論じる。

　ケイパビリティ(企業能力)は、マッキンゼー社の発表した「7S」(1980)がきっかけである。7Sは、企業の経営資源を7つに分け、3つのハードな経営資源と4つのソフトな経営資源を挙げている。

　3つの経営資源は、戦略(Strategy)、組織構造(Structure)、システム(System)であり、状況によっては変化させ易い。

　4つの経営資源は、共通の価値観(Shared value)、能力(Skill)、人材(Staff)、経営スタイル(Style)であり、変化させづらい。

　例えば、外部環境に変化があった時、戦略(Strategy)の変更を迫られる。それに伴って、組織構造(Structure)やシステム(System)は、変

えようという意思があれば、変更は可能である。

　ハードの 3S の変革に伴って、ソフトの 4S を変えていこうとする。

　M&A をすれば別であろうが、自社内でのソフトの 4S は、働く人の意識やスキルのレベル等が絡む。戦略を変えたからと言って、短期間でそれらを変更することは難しい。習得しているスキルのレベルが、戦略と同じ方向であれば、比較的容易である。しかし、各部門には各部門なりの独特なノウハウがある。各部門は、生産性で一括りに評価されがちであるが、光の当て方によっては、素晴らしいノウハウや見えざる経営資産を持っていると自負している。従って、経営環境の変化があったからと言って、ソフトの 4S は、容易には変わるものではない。

<図表 3-27＞7S

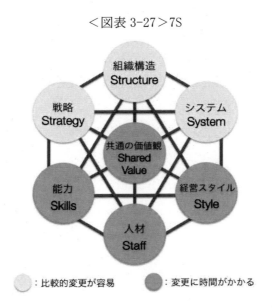

<図表 3-28＞7S の経営資源

ハード	戦略 Strategy	競争優位を明らかにして、選択と集中を進める
	組織構造 Structure	顧客本位で機動力が発揮できる組織作りをする
	システム System	迅速な意思決定ができるマネジメントの仕組み
ソフト	共通の価値観 Shared value	企業理念を全員が共有し、日々の行動で実践する
	能力 Skill	環境変化に機敏に対応でき、優位性のある組織能力
	人材 Staff	時代にふさわしい卓越した能力を持つ人材の育成
	経営スタイル Style	自律的に変化していける組織風土を醸成していく

　卸売業の在庫管理業務は、小売業やメーカーとの間で、一朝一夕では変えられないほどの桎梏がある。各部門の協力を得るには余程の努力がいる。在庫運営に関するシステムは変えられても、運営に梃子摺ることになる。在庫削減を全社的に行うには、同じ旗印の下で、各部門が連動していく必要がある。あるいは、各部門の利害を超えたやり方をすることだ。

【課題】下図は、卸売業 M 物流センターのある年 2 月 1 ヶ月間の在庫散布図である。多数の点はアイテムを表しており、全体で 5 千アイテムある。横軸はアイテム毎の出荷日数、縦軸（対数尺）はアイテム毎の在庫保有日数を表している。例えば、出荷日数 24 日のアイテム数は、縦軸を見ると 33 である。そのアイテム毎の在庫保有日数は 3 日から 340 日である。毎日出荷するアイテムなのに在庫保有日数が 10 日を超えるものが多い。また、出荷日数が月の内 5 日以内のアイテムに、在庫保有日数が 500 日を超えるものが散見される。

M 物流センターの在庫の問題は何か。在庫はどうあれば良いのか。

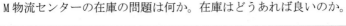

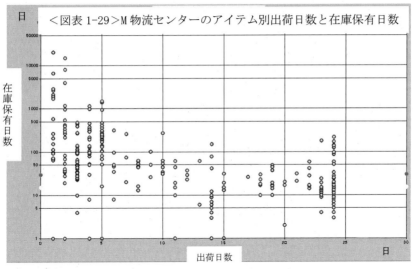

<ヒント>

①問題を特定する（何を変えるのか）

　在庫保有日数が 1 ヶ月を超えているアイテムが多いのは何故か。

②解決策を策定する（何に変えるのか）

③実行計画を策定する（どうやって変化を起こすのか）

【課題】物流センターから出荷している品目A, B, Cの日別出庫量(単位:個)が
下表に記載されている。各々の補充点、補充量、安全在庫を求める。

品目	1日	2	3	4	5	6	7	8	9	10	11	12	13	14	15	16	17	18
A	23	20	16	27	16	11	44	20	15	14	18	51	58	21	36	10	39	12
B	49	37	66	55	35	51	67	28	65	56	45	48	46	60	30	58	40	36
C	176	6	24	1	6	1	1	1	2	3	4	4	16	103	14	3	37	17

品目A, B, Cの日別出庫量をグラフ化すると、下図のようになる。

【解1】出庫合計、平均出庫量、標準偏差を求める(単位:個)

品目	出庫合計	1日当り平均出庫量(μ)	標準偏差(σ)	年間出庫量(D)
A	451	25.1	14.0	7,831
B	872	48,4	12.0	15,101
C	419	23.3	43.9	7,270

注1)18日間は3週間(6日×3週)を前提にしている。従って、
年間出庫量(D)＝1日当り平均出庫量(μ)×312日/年(52週/年)とする。
注2)補充点、補充量、安全在庫を算出する計算式と前提条件
①補充点＝$\mu t + k\sigma\sqrt{t}$、補充量＝$\sqrt{2cD \div dp}$、安全在庫＝$k\sigma\sqrt{t}$
②k=2.33（kは在庫サービス率99%の時の安全係数）。
③補充リードタイム（t）は2日とする（発注後翌々日に届く）。
④補充量:1回当り手配費用(c)は100円、在庫費用係数(d)は0.25、
　　　　平均商品単価(p)は300円とする。

【解2】補充点、補充量、安全在庫を求める(単位:個)

品目	補充点	(補充点/μ)	補充量	安全在庫
A	97	(3.9日)	146	46
B	137	(2.8日)	201	40
C	190	(8.2日)	139	144

　前提となる定義や計算式に従い、自社の日々の出庫データを使って上表の
数値を自社に置き換えてみる。実態が、データとしてよく見えるだろう。
どうするかは、関係者との方針に関する討議と決心による。

【参考】生産性に関して

　政府の目標は、2020 年迄に国内総生産(GDP)を 600 兆円にすることであった。その為の成長戦略の一つが「生産性革命」であった。労働力人口が減少する日本で GDP を増やすには、労働者 1 人当りの付加価値額を高めることである。特に GDP の 7 割を占めるサービス業の生産性向上は大きな課題である。

　国土交通省は、2016 年 4 月に「生産性革命プロジェクト」を立ち上げた。2020 年度迄に物流事業の労働生産性を 2 割程度向上させることを目標とした。今日、GDP も労働生産性向上も未達成である。

　労働生産性は、労働者 1 人当り、又は労働時間当りで生み出せる成果を指標化している。計算式は次の通りである。

　労働生産性＝Output/Input

　　　　　Output：付加価値又は生産量

　　　　　Input：労働投入量（労働者数又は労働者数×労働時間）

　日米の労働生産性を運輸・倉庫業で比較すると、対米比率は 6 割前後であり低い。日本の低労働生産性の要因は、労働時間の長短よりは、米国に比して労働者数が多いことにある。また、日本は零細事業所が多い。労働力投入の日米差は、両国の産業構造の違いに根差す。例えば、物流センター内ではケース作業はもとよりピース作業始め作業工程が多いことや、配送時の車両が多い。日本では多品種・少量・多頻度物流の流通構造になっている。今後、流通構造の見直しや設備自動化等への新技術の投資が急務である。

注）『LOGI-BIZ 2017MARCH』「物流生産性革命」15 頁。
　　『物流自動化設備入門』尾田、2017 年 12 月、三恵社、48 頁～56 頁。

第3章の参考文献

1.　「IMS」システムは、ライオン㈱が1998年に日用品雑貨卸店の機能強化支援を目的に開発した。ライオン㈱は、2003年100%出資でシーコムス㈱を設立する。シーコムス㈱は、サプライチェーン・マネジメント関連システム外販の新会社である。IMS　を移管し、新たにCAOIMS（シーエーオーイムス）を開発している。シーコムス㈱は、2005年12月に解散した。

2.　三谷宏治『経営戦略全史』2014年4月、ディスカヴァー・トゥエンティワン

3.　ミンツバーク他『戦略サファリ』1999年10月、東洋経済新報社

第4章　卸売業が見た小売業の発注活動

4

1．店舗販売決定迄の流れ

(1) 特売企画の販売決定迄の会議

小売業 AG 社の特売企画に関するセール決定は、職制に従って 4 段階になっている。セール計画会議（通称：商談会）→主任バイヤー確認会→シニアバイヤー確認会→部長確認会の順である（下表）。

特売企画の商談や現品準備の都合から、主任バイヤー会議以上にもメーカーと卸売業の販売員は、現物展示の為、同席する。

＜図表 4-1＞AG 社の販売決定迄の会議

本部の会議名	内容
セール計画会議	セール決定の商談会である。 事前の商談準備が要である。 メーカー個別商談がある。 セール計画は前年売上実績(POS 実績)を基に作成する。 月間企画の立案、月間選抜アイテムの決定、見込実績検証も同時に行う。
主任バイヤー確認会	主任バイヤーによるセール内容の確認会である。 ハウスキーピングやコスメ等とカテゴリー別に実施する。 月間予測のすり合わせと、現物を並べて実施する。その為卸売業やメーカーに準備・撤去の作業が発生する。 確認会を通過しない時、セール計画会議を再実施する。
シニアバイヤー確認会	シニアバイヤーによるセール内容の確認会である。 （以下、チーフ確認会に同じ。）
部長確認会	毎週実施する。 セール実施の 3 週前に現物を並べて、セールアイテムの確認をする。 部長確認会では変更が頻繁に起きる。 納品日の 1 営業日前迄チラシ変更が可能なので、緊急特売企画書発行になったりする。

　セール計画会議でバイヤーと販売員（卸売業とメーカー）が商談する時、チラシ枠の計画売上金額が決まっているので、それに基づいて数量を設定する。部長確認会議後に、決定していたアイテムが差替えになることがままある。差替えは、AG社の事業部内で売上予算金額を巡って、組織的な葛藤がある為である。その為に、当初決めていたチラシ特売予定の商品が変更になることがある。その時は、特売企画品が卸売業の在庫残になる。

　商談から店舗展開迄に約2か月を要しており、かなり時間がかかる。このタイミングで、店舗にチラシで意図する顧客を誘引することが出来るのか、あるいは近隣の競合店と戦えるのか。このようないくつかの疑問があるが、永年に亘り培われた小売業としての自信を感じる。

　年間の販売計画や販促計画があった上で、月間計画は作られている。経験が積み上げられて、「販売シミュレーション表（実績篇と計画篇）」が作られている。一方で、店舗毎の事情により振り回されることになる。どの要因が店舗の売上に関わるのかは、経験的な選択になっている。

　課題は、本部からの情報が、刻々と店舗に大量に伝達されているが、個店毎に受け止め方が違う。何故かと言えば、個店毎にバックグラウンド（立地と商圏、来店客等）や担当者が違っているからだ。

　出店時には商圏の調査はしているが、その後の事情変更もあるから定期的に個店毎に地域のデータに基づいて潜在能力を考察することである。売上要因の個別事情を洗い出し、個店毎の売上がどういった項目と相関性や因果関係があるのか、個店毎の売上要因を数値化することである。

(2)チラシ原稿の作成

　部長確認会でセール計画が決定すると、チラシ期間のレギュラー（水
〜日）と週末（土〜日）の二通りが決まる。チラシ原稿を作成し投稿
することになる（下表）。

<図表 4-2>チラシ原稿の日程（例）

項目		小売 AG 社	卸 A 社	日程（例）	チラシ変更期限	
					レギュラー	週末
準備書類・企画書			○	〜8/30（月）		
商談		○	○	9/06（月）		
主任確認会		○	○	9/17（金）		
シニア確認会		○	○	9/24（金）		
部長確認会		○	○	10/06（水）		
チラシ投稿		○	○	10/14（木）	10/28（木）	11/2（火）
チラシ原稿確認		○		10/21（木）	10/28（木）	11/2（火）
チラシ期間	レギュラー	○		11/03（水〜日）		
	週末	○		11/06（土〜日）		

(3)卸売業の役割

　卸売業販売員が、AG 社を担当して行っている「卸売業の役割」を 5
項目列挙する。

①AG 社のバイヤーと物流担当に対する卸売業販売員の役割

販売員ハ）

・月次販売計画と週次計画を作成する。品揃え案内、生活提案、確認
会向け広告計画、1 週間前販売情報、売価調査等を行う。

・提出書類に関する情報収集・作成・提出をする。

・新商品や企画品の情報提供をする。

・メーカーと企画を事前に調整し、本部商談を主導している。

・バイヤーをサポートして計画を達成する。

・高粗利益商品の発掘と育成は今後の課題である。

販売員へ）

・半期計画は、棚割り検討時に方向性を確認し、バイヤーと共同で作成している。その上で月間計画と広告計画を作成する。

・本部商談を実施し、棚割り表を作成する。

・企画選定と企画提案や、確認会資料作成等の確認会の準備をする。

・緊急依頼等の取り纏め、バイヤーの情報発信内容を作成する。

・物流担当に対して、企画打合せ（納期確認、品揃え、生活提案等）、家計応援の取り纏め、月間週別計画作成、セール情報発信代行、物流担当の情報発信代行、陳列台帳作成、新規とカットリストを作成する。

・バイヤーと物流担当双方の橋渡しをして、店舗改装陳列やコミュニケーションを図る。

・バイヤーや物流担当の下請け業務、例えば、データ収集、生活提案の下地作り等が多い。

②商談時にメーカーとの同席具合

・メーカー単独商談が多い。商談後メーカーから詳細を確認している。

・メーカーとは事前打合せをして、納入価格、数量、納期を決める。その上でメーカーが商談する時、必ず同席し、商談に臨んでいる。

・販売員の多くは同席しているが、中には同席できていない販売員もいる。同席しても、商談の主導具合で分かれる。

（違う視点で言えば、メーカー販売員の意見を聞くことである。）

③確認会の準備

　卸売業の販売員とメーカー担当者が確認会の準備をしている。

　卸売業の販売員が準備する理由は、次の通りである。

・確認会は、AG 社の基本オペレーションである。

・現品で説明をする為、開催日前日迄に現品を届ける。

・商談の企画を通し、チラシに載る商品を確認してもらう為である。

・部長とマネジャーに対して、今後の新商品や目玉戦略を把握してもらう為である。

④バイヤーが、特売アイテムを決定する時の基準

・前年のアイテムや売上実績を基にし、前年実績を超える。

・マーケットの売価、値入、商品構成を参考にしている。

・競合売価や粗利益額を参考にしている。

・TVCM 計画、イベント計画、話題商品や話題性等。

・季節指数と計画数値を参考にしている。

（基準になる項目がバイヤーによってバラついている。カテゴリー特性によるのかもしれない。）

⑤物流担当の店舗納入数量の決め方

・チラシが決定した商品の直近の販売数量と前年実績による。

・販売予定数から、店舗の在庫数不足分を埋める。

・店舗の品揃えと要望数量による。

・特売商品（企画品、限定品等）は、担当バイヤーが商談で決定したものを店舗に説明し、店舗別在庫把握の上、本部に外注依頼する。

⑥所見

　販売員は、卸売業を代表し、プライドを持って担当小売業の仕事を
している。小売業とメーカーの間で、多大な時間をかけている。労働
時間は、時間外労働になっている。しかし、卸売業を組織としてみた
時、次の点を検討することである。

　一つ目は、長年の慣習や慣行になっている小売業との間の仕事の役
割を見直すことである。業務プロセスを改革する等の働き方改革が求
められる。

　二つ目は、得意先を担当する人員数を、得意先の売上高や担当カテ
ゴリー数等に基づき、適正に増減する。

　三つ目は、販売員は得意先との接点である。結果として、顧客との
関係で販売員にしかわからないことが多くある。それに伴う事務作業
も多い。それを販売員の業務から分離して、事務的な仕事をする要員
に課す。

　四つ目は、小売業の商品部は何をするところだろうか。上手に卸売
業やメーカーの担当者を使っているとも言える。お互いに持ちつ持た
れつの関係なのだろう。依頼する業務が卸売業の役割を超えているも
のが多いと思える。小売業にとって人件費増になるが、商品部の人員
強化をしていくことが考えられる。

　卸売業から見ると、小売業と卸売業は重複した業務が多い。小売業
商品部の仕事を全部引き受けるか、若しくは、卸売業から小売業に出
向して商品部を代行することが考えられる。帳合や仕事上の機密に関
して十分に配慮するにしても、検討の余地はある。

２．店舗発注の流れ

(1) 発注の流れ

チラシが決まると、発注になる。その工程は、下図の通りである。

<図表 4-3>発注の流れ（例）

項目	項目	役割		10月												11月					
		AG社	A社	20 水	21 木	22 金	23 土	24 日	25 月	26 火	27 水	28 木	29 金	30 土	31 日	1 月	2 火	3 水	4 木	5 金	6 土
数量確定	情報提出(品揃え案内)	○	○	●																	
	情報発信(店舗通知)	○			●																
	店舗品揃え(店舗修正)	○					●	●													
	本部修正	○								●											
	EOS受信		○						●				●								
	リピート(○)EOS受信		○														○	○	○	○	○
特売企	確定・予測特売企画書発行		○						●	●											
	リピート(○)特売企画書発行		○													○					
受注	EOS修正(データのみ)		○										●								
発注	特売企画書取込み		○								●					○					
	メーカー発注		○								●	●				○	○				
物流	商品入庫		○										●				○				
	確定数量出荷日		○											●							
	確定数量店着日		○													●					
	リピート(○)出荷日		○														○	○	○	○	
	リピート(○)店着日		○															○	○	○	○

(2) 内注と外注

発注には、内注と外注がある。内注は、店舗発注であり、店舗から定番と特売企画品の両方の発注がされる。外注は、本部発注（本部送込み）であり、特売企画品が対象である。小売業の多くは、店舗に運営主体を持たせている。店舗からの内注が特売企画品の発注を含めて主流になっている。

　下表は、発注が内注主体になっていく過程の例示である。

＜図表 4-4＞AG 社の発注区分別集計表

発注区分	数量 （個）	行数 （行）	行当り 数量	仕入金額 （千円）
1. 内注	505,874	125,283	4.0 個	137,800 千円
2. 外注	199,832	8,456	23.6 個	59,965 千円
3. 客注	770	94	8.2 個	412 千円
合計	706,476	133,833	5.3 個	198,177 千円

(3)店舗発注から見た問題

　店舗発注から見た問題として、次の点が挙げられる。

①内注の発注数は、店舗で決められるので、店舗以外の関係者は事前に把握できない。

②本部で急な商品変更や売価変更がある為、店舗側では適切な対応ができないことがある。

③卸売業の販売担当は、内注になると、事前に店舗発注量が不明な為、過去実績や商品部等からの情報で発注数を予測して、商品の準備をする。

④本部でカテゴリー毎に店舗特性や後背地の事情に基づく分析をしようとすれば、その対象は 174 店舗、大分類は 44 カテゴリーである。情報収集要件として、店舗政策、店舗課題、店舗業態・業種、店舗立地、商圏特性（人口、世帯数、住居、所得水準、産業構造）、来店客特性等数多くある。

競合小売業は、得意先がマークしている小売業とその店舗等である。

(4)特売企画品の初回発注とリピート発注

　店舗の特売発注は、初回の確定発注とリピート発注に分かれており、リピート発注は複数回ある。卸売業は、店舗の初回納品数を 1 週間前に入手する。卸売業にとって、初回の納品数は確定しているが、リピート発注数は不明である。

　カテゴリー別売上構成比は、当然異なっている（下表）。

　また、カテゴリー別発注割合も確定納品率とリピート率に分けてみると、それも異なっている。例では、確定納品率とリピート率の関係が、30%:70% から 70%:30% の間にあり、真逆の関係である。

<図表 4-5>カテゴリー別売上構成比と発注構成比

カテゴリー（例）	売上構成比	カテゴリー別発注割合	
		確定納品率 （先付けデータ）	リピート率 （月～金受注）
洗剤	31%	42%	58%
ヘアケア、ボディケア	20%	45%	55%
防虫芳香殺虫除湿	13%	50%	50%
ラップ	8%	60%	40%
サニタリー	7%	30%	70%
オーラル	5%	50%	50%
浄水器	5%	70%	30%
化粧品	4%	65%	35%

　当初、初回店舗発注の確定数量によって、リピート発注数を経験的な構成比で便宜的に割り出していた。例えば、洗剤 1,000 個を初回受注したとする。リピート発注数は、図表 4-6 の発注割合、即ち、確定納品率:リピート率＝42:58 の構成比から単純な計算をしている。42 : 58＝1,000 : X　から X＝1,381 個。これによって、リピート発注数は、1,381 個と予測している。図表 4-6 のデータを見ると、洗剤カテゴ

リーの確定納品率とリピート率の発注割合は、物流センター毎に明らかな違いがある。

又、リピート発注を物流センター別曜日別割合で見ると、物流センター毎に違いがある。リピート発注数を物流センター別・曜日別に予測することになる。担当者はエクセルを使って計算していたが、全カテゴリーとなると大変な量であった。

これらは、特売企画を確定する商談や、特売企画の需要予測を本格的に進めること、あるいは販売担当と組織間の連携が課題になる。

<図表4-6>洗剤の物流センター別・曜日別リピート率

物流センター	発注割合		リピート発注の 物流センター別曜日別割合				
	確定納品率	リピート率	月	火	水	木	金
全センター計	42	58	15	24	28	19	14
北海道	62	38	13	17	20	26	25
関東1	45	55	18	21	21	23	18
関東2	43	57	16	24	24	19	17
中部	38	62	23	31	22	14	9
近畿	35	65	10	25	48	12	5

(5)なぜ特売企画品のリピート率が高くなるのか

①本部要因

・店舗が発注していないことに本部が直前で気付き店舗に発注させる。

・店舗の都合で数量変更依頼が、物流担当に入る。

・計画を立てる時、滝が流れる如くウォーターフォール型を前提にしている。計画→実行→評価→改善と進むように考えている。実際には、特売企画品で言えば、各工程で調整しながら進められるし、後戻りす

る等いろいろな形になって表れる。計画を立てた時と実施する上でそ
ぐわないことが起きる（PDCA サイクルと OODA ループ 182 頁～186 頁参照）。

②店舗要因

・チラシ特売の急遽の依頼や変更がしばしば起きる。

・特売企画の発注漏れがある。

・店舗がすべて品揃えし、売行きに応じて発注する。

・現金還元セール等では予想以上の販売数量になることがあるので、
リピート発注が増える。

・特売の目玉になる確定発注は約 3 割であり、後はリピート発注にな
る。嵩張るか重い商品（ナプキン、洗剤等）はこの傾向が強い。

・バックルームが狭い店舗は、在庫を持ちたくないので、リピート発
注をする（店舗面積やバックルーム面積は事前にわかっているはずな
ので、データ化は可能である）。

③卸売業要因

・店舗の POS データの把握が出来ていない。

・カテゴリーによってメーカー任せの商談になっており、発注数量を
詰め切れていない。

・リードタイム要因で言えば、確定伝票発行から初回納品までのリー
ドタイムが 3 営業日である。数量を予測する時間が少ない。

・卸売業で、店舗一律でリピート率を予測し、特売企画書の発行をし
ている。

・チラシ販促内容によって、売価要因の影響度が変わり、店舗の発注
数量の変化が読み切れない。

3．店舗に出荷する物流センター

　AG 社及び関連企業の 174 店舗に出荷している卸売業 A 社の物流セン
ターは、6 箇所である。物流センターは、AG 社に関する商品を 5,000
アイテムと他社向けのアイテムとともに在庫している。

　店舗毎にカテゴリー別仕分けをして、出荷している。

<図表 4-7>AG 社グループ対応の物流センター

卸売業 A 社 物流センター	AG 社 店舗数計	AG 社グループ店舗数内訳（単位：店）		
		AG 社	AD 社	AH 社
北海道	12	12		
東北	8	8		
関東1	65	57	6	2
関東2	65	62	3	
中部	11	11		
近畿	13	13		
計	174	163	9	2

　AG 社のグループ各社は、共通したアイテムもある。子細に見ると、
業態毎に取扱アイテムが違う。卸売業 A 社の販売員は、業態別に対応
しており、物流センター毎に特売企画書の発行を行う。

　メーカーより卸売業の物流センター迄のリードタイムは、発注後営
業日翌日若しくは翌々日（2 日目）である。北海道物流センターは、1 日
長く、翌々日若しくは 3 日目である。

　物流センターから店舗迄の納品リードタイムは、翌日である。

4．卸売業の特売企画品在庫残の状況

(1) 得意先別特売企画品在庫残金額

　卸売業 A 社は、特売企画品在庫残金額を得意先毎に算出している。得意先別に ABC 分析すると、累積金額構成比が 70% になるのは、上位 9 社である（下表）。AG 社は、件数 2,571 件(構成比 30.3%)、在庫金額 90,971 千円(構成比 23.6%)で最上位であった。

<図表 4-8>得意先別特売企画品在庫残金額

得意先名	特売企画品在庫残		件数構成比(%)会社別	金額構成比 (%)	
	件数	金額(千円)		会社別	累積
AG	2,571	90,971	30.3%	23.6%	23.6%
BH	365	45,485	4.3%	11.8%	35.4%
CC	200	29,906	2.4%	7.8%	43.2%
DD	724	25,080	8.5%	6.5%	49.7%
ED	268	23,496	3.2%	6.1%	55.8%
FS	372	22,189	4.4%	5.8%	61.6%
GH	89	11,986	1.0%	3.1%	64.7%
HH	430	10,688	5.1%	2.8%	67.5%
IH	199	9,212	2.3%	2.4%	69.9%
他	3,271	116,085	38.3%	30.1%	100.0%
合計	8,489	385,098	100.0	100.0%	

注. 卸売業 A 社の同時期の B/S 上の棚卸金額は、5,200 百万円である。その内、特売企画在庫残在庫金額は 575 百万円であった。

(2)物流センターの在庫状況

①物流センターの在庫保有日数別分析

　卸売業Ａ社／関東１物流センターのある月の出荷数は1,177千個（日商39.2千個）、在庫数は672千個であった（下表）。当該月の在庫保有日数は17.1日である。在庫保有日数が15日以上ある商品は、全体の62％（9％＋39％＋14％）である。

<図表 4-9>関東１物流センターの出荷数と在庫数

在庫日数による商品区分	SKU数	出荷		在庫	
		出荷数 （千個）	構成 比 ％	在庫数 （千個）	構成 比 ％
①在庫あり出荷ゼロ	814	0	－	60	9%
②在庫日数１ヶ月以上	867	84	7%	260	39%
③在庫日数１ヶ月未満 　15日以上	471	127	11%	91	14%
④在庫日数15日未満 　4日以上	985	663	56%	236	35%
⑤在庫日数4日未満	206	303	26%	25	4%
計	3,343	1,177	100%	672	100%

<図表 4-10>出荷数と在庫数の関係

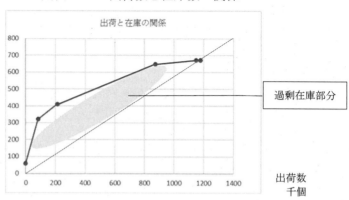

②在庫過剰の要因は何か

　関東 1 物流センターの在庫日数が 1 ヶ月以上のアイテムが、1,681 SKU（867＋814）ある。過剰要因を次のように推定している。

　第一に、過剰在庫アイテム数 1,681 中、「取扱店 5 店以下」のアイテムは 535(510+25) である。なぜ多くの店舗で未取扱になっているのか。販売の基本である配荷と陳列から見て、この点は調査を要する。

　第二に、商品の「切り替え」に伴う出荷ゼロで在庫があるアイテム数が 569 である。推定要因は、卸売業 A 社内で販売員より切り替えの情報発信が行われていない為であろう。その為に不動在庫になり、物流センターの在庫日数が悪化している。

　第三に、在庫日数が 1 ヶ月以上ある商品の内、「企画品残」のアイテム数が 229 である。

　以上の在庫過剰 3 要因で全体 1,681 SKU 中 1,308 SKU であり、78%になる。第二と第三の要因は、販売員の仕事の仕方か、あるいは組織の機能連携に問題がある。

<図表 4-11>関東 1 物流センターの過剰在庫要因

過剰在庫要因	在庫日数1ヶ月以上		出荷ゼロで在庫あり	
	アイテム数	構成比	アイテム数	構成比
取扱店不足（5店以下）	510	59%	25	3%
企画品残	229	26%	65	8%
切り替え	28	3%	569	70%
季節品	8	1%	50	6%
新規残	1	0%	8	1%
グループ企業の在庫	91	10%	97	12%
計	867	100%	814	100%

(3) 大分類別の特売企画品発注数と在庫残数

小売業 AG 社を対象に、商品の大分類別に特売企画品発注数、残数と残率を調べてみた。大分類毎の残率の高い順つまり降順で作表している。

<図表 4-12>大分類別特売企画品発注数・残数・残率

大分類	特売企画品発注数	残数	残率 %	大分類	特売企画品発注数	残数	残率 %
清掃用品	20,336	18,511	91.0	基礎化粧品	12,160	2,434	20.0
アルミ箔成型	923	672	72.8	介護用品	4,620	876	19.0
行楽・パーティー	3,752	2,470	65.8	化粧用品	10,208	1,648	16.1
石鹸ギフト	119	74	62.2	入浴剤	41,087	6,320	15.4
ゴミ袋・水切り	1,080	646	59.8	調理用品	12,628	1,865	14.8
育児用品	180	100	55.6	殺虫剤	108,472	15,813	14.6
身の回り用品	88	45	51.1	防虫剤	25,301	3,684	14.6
浴室用品	206	104	50.5	保湿剤	1,681	246	14.6
ペット用品	12	6	50.0	生理用品	187,204	24,321	13.0
健康用品	18	7	38.9	台所用洗剤	459,902	53,699	11.7
洗剤ギフト	969	362	37.4	芳香・消臭剤	289,105	31,906	11.0
入浴剤ギフト	251	70	27.9	子供用オムツ	64,997	6,157	9.5
線香・ローソク	5,700	1,579	27.7	除湿剤	48,235	4,529	9.4
男性化粧品	37,976	10,303	27.1	石鹸	144,263	13,084	9.1
衛生用品	540	143	26.5	メイクアップ化粧品	1,322	116	8.8
ヘアカラー・パーマ	972	256	26.3	洗濯用助剤	2,001,530	163,261	8.2
カミソリ	14,438	3,749	26.0	ボディスキンケア	34,514	2,185	6.3
園芸用品	40	9	22.5	ヘアケア	297,539	18,549	6.2
台所用品	19,374	4,183	21.6	衣料用洗剤	1,305,016	79,304	6.1
ヘアメイクアップ	2,979	640	21.5	オーラルケア	535,142	29,015	5.4
家庭紙	219,986	46,295	21.0	住居用洗剤	645,695	34,540	5.3
食卓用品	43,878	8,934	20.4	ラップ・ホイル	670,718	31,123	4.6
				合計	7,275,156	623,833	8.6

特売企画品発注数と残数の相関係数は 0.95 であり、高い正の相関性を示している。散布図に表すと一目瞭然である（図表 4-13）。

<図表 4-13＞特売企画品発注数と残数の散布図

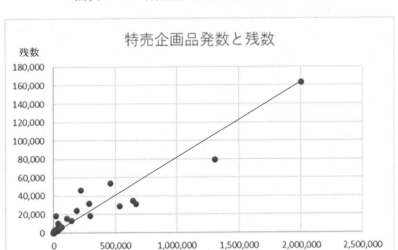

特売企画発注数

図表 4-12 の特売企画品の残率を、25％超、25％以下 8.6％超と 8.6％以下の 3 層に分けた分類数で見る。残率 8.6%以下の層が、7 分類ある。

<図表 4-14＞大分類別特売企画品の残率と大分類の数

特売企画品の残率	大分類の分類数
25％超	17 分類
25％以下～平均 8.6％超	20 分類
平均 8.6％以下	7 分類
計	44 分類

一つ目は、44 大分類中 37 大分類が平均残率 8.6％を超えている。特売企画品の残率が高い大分類は、特売企画計画に何らかの問題があるのではないかと思われる。

　二つ目は、平均残率以下の7つの大分類は、概して発注数が多い。

　特売発注数が多く、残率が低いのは、店舗で売りやすい商品だからと言えるのではないか。

　販売員10名が各々担当している大分類は決まっている。特売発注数が多く、平均残率8.6%以下が5名である。特売発注数が少なく、平均残率8.6%超が5名である。

　特売企画品は、過去実績との比較が主である。今後はPOSデータ、発注数、特売企画品の内容、価格、他店との競合等いろいろな相関関係が考えられる。それらを重回帰分析して調べることである。

<図表4-15>営業員別特売企画品の残率

担当販売員	特売発注数	残数	残数累計	残率 %
イ	5,304	3,621	3,621	68.3
ロ	1,339	506	4,127	37.8
ハ	69,045	16,286	20,413	23.6
ニ	258,997	34,103	54,516	13.2
ホ	382,690	47,958	102,474	12.5
ヘ	4,453,552	381,670	484,144	8.6
ト	434,286	36,195	520,339	8.3
チ	495,880	33,041	553,380	6.7
リ	690,531	43,161	596,541	6.3
ヌ	483,532	27,292	623,833	5.6
合計	7,275,156	623,833		8.6

　特売企画の残数を減らすことを販売員別にアプローチするとしたらどうなるか。

　一つ目は、販売員ヘ）が担当している商品特売の残数381,670個を、例えば半分にすることである。191千個減り全体の残数は433千個に

なる。全体の残率は 8.6%から 6.0%(433 千個÷7275 千個)になる。

　二つ目は、平均残率が高い販売員 5 名（イロハニホ）を対象に、同様に努力して、例えば半分にしたとすると、51 千個減り、全体の残率 573 千個になるので、残率は 8.6%から 7.9%(573 千個÷7275 千個)になる。

　両者の特売企画の残数を減らすという効果は、前者が残率 6.0%、後者は残率 7.9%であるので、残率では前者が優位である。即ち、特売発注数が多く、残数の多い販売員へ）を半減化する方が効果は高いことになる。

　次に、図表 4-12 と図表 4-15 から共通して言えることは、特売や企画に適しない大分類の商品がありそうである。例えば、残率平均が 8.6%超の大分類の特売企画を止めるとすると、全体の残率は 6.5%になる。

<図表 4-16>残率平均値前後の大分類

大分類	特売発注数	残数	残率 %
残率平均 8.6 超の大分類	1,785,002	265,856	14.9
残率平均 8.6 以下の大分類	5,490,154	357,977	6.5
合計	7,275,156	623,833	8.6

　これらの大雑把な分析から言えることは、特売企画には、特売企画に適さない商品を対象にしないことである。但し、店舗毎に特売企画の成果に違いがある（データ未掲載）。それは、店舗の立地と来店客の特性が、特売企画に適合していないだけかもしれない。

　特売企画の効果がないならば、販売促進に注ぐ人時数や費用を別に振り向けることである。商品の在庫管理の面からも効果がでるであろう。

5．小売業のデータマネジメント

(1)経営戦略コンテンツ

経営戦略は、数多く発表されている。経営戦略を、研究領域別に分類する[1]と、戦略コンテンツと戦略プランニングに分けられる。

経営戦略コンテンツは、戦略意思決定の中身そのものを検討する分野である。前述のポジショニング派やケイパビリティ派等にかつては代表された。その後、経営戦略の理論は百花繚乱の如く発表されている。経営戦略コンテンツは、外形的には市場戦略と非市場戦略に分けられる。市場戦略は、企業戦略と競争戦略に分けられる。

企業戦略は、全社戦略とも言う。それは会社全体を俯瞰して、複数市場の経営や参入・退出、他社との協業や買収等を検討する分野である。例として、多角化、垂直統合型M&A、提携戦略等がある。

競争戦略は、特定の市場環境・競争環境で、競合企業に対して競争優位を築くことを検討する分野である。例として、競合との差別化戦略、価格戦略、必要な経営資源を確保すること等である。

非市場戦略は、政府、司法、NGO等の非市場部門に働きかけ、自社の優位性を獲得する分野である。

<図表4-17>経営戦略の領域別の構造

経営戦略	経営戦略プランニング		
	経営戦略コンテンツ	市場戦略	企業戦略（全社戦略）
			競争戦略
		非市場戦略	

注1)入山章栄『世界標準の経営理論』ダイヤモンド社、第33章

(2)経営戦略プランニング

①未来に起きる可能性・最終目的地

　経営戦略プランニングは、経営者が戦略計画を立てる策定プロセスを検討する分野である。経営戦略プランニングが、経営戦略においてすべての問題を解決するわけではない。まして、プランニング（計画）は、100％正確にはなり得ない。予測を認知するには、限界があるからだ。プランニングで予測をするが、明日何が起こるかわかる人はいない。だが、プランを立てる重要性は、「未来に起きる可能性」を考えることにある。予測した事態が起きた時の対応を予め検討しておくことである。別の言い方をすれば、プランする時、自分が行きたいところの最終目的地、即ち未来へ行く為の「ロードマップ」を考えることである。最終目的地がわかっていれば、たどり着く道筋や方法を繰り返し変更することができる[1]。計画に対して実績がどうなった時にどのような対応策の選択肢があるのか、誰が何を決定するのか。それを腹落ちするまで考えることが出来る。

②状況の認知と行動の予測

　会社経営上、状況をどれだけ知っているかで未知と既知になり、行動の効果をどれだけ予測できるかで予測可能と予測不能になる。それらを組み合わせてフレームワークにすると、変動(Volatility)、不確実(Uncertainty)、複雑(Complexity)、曖昧(Ambiguity)の４象限になる。別名 VUCAフレームワークという。

注1）J. マクグラス＆B. ベイツ『経営理論大全』160-161 頁

<図表 4-18＞VUCA フレームワーク

		行動の効果をどれだけ予測できるか	
		予測可能	予測不能
状況をどれだけ知っているか	未知	③複雑　（Complexity） 多くの要因が相互依存。 一定の情報があり予測可能。 対応：戦略から見直し	④曖昧性　（Ambiguity） 状況の因果関係が全く不明。 先例がなく方策が分からない。 対応：ビジョン探求
	既知	①変動　（Volatility） 状況がよくわからない。 期間が不明。 対応の知識がある。 対応：柔軟に対応	②不確実　（Uncertainty） 状況の因果関係が明確。 対応効果の変動がありうる。 対応：想定から見直し、戦略も見直し

出所：入江仁之著『「すぐ決まる組織」のつくり方 OODA マネジメント』2018 年、フォレスト出版

③PDCA サイクル

　経営戦略プランニングの代表は、PDCA サイクルである。PDCA サイクルはマネジメント・サイクルとも呼ばれる。

　Plan(計画する)→Do(実行する)→Check(評価する)→Act(改善する)を確立する。米国の統計学者デミングが、日本では 1950 年頃提唱したとされる。汎用性が高いことから、企業の組織マネジメントや経営戦略のみならず、個人の目標達成等、幅広い分野に応用されている。

<図表 4-19＞PDCA サイクル／マネジメント・サイクル

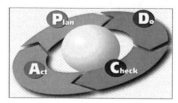

　PDCA サイクルは、業務等を継続的に改善する手法である。従って、PDCA は、一度限りで終わりではなく、Act の修正を踏まえ、新たな PDCA に入る。

<図表 4-20＞PDCA サイクルの連続

　PDCA サイクルを回していく上で注意すべきことは、Plan の段階で適切な計画を定めることである。なぜなら、簡単な目標だと組織レベルが上がりづらい。目標が高すぎるとモティベーションを削ぐことになりかねないからである。

　目標達成の具合や進捗の把握に向けて、定量的に実態を捉える為の KPI（Key Performance Indicator、71 頁参照）の設定が重要である。

　企業の中期経営計画を例に取ると、時間軸では単年度計画の積み上げで目標達成を目指す。まず、1 年毎の PDCA をうまく回すことである。次に、ビジョンを踏まえた PDCA サイクルを回すことである。

　組織全体として、PDCA サイクルが効果的に活用されるには、経営トップ層から現場部門まで、PDCA サイクルが連鎖していることである。全社的に目標管理が一貫して行われることである。中でも、経営トップが語り掛ける会社が目指すビジョン、それを叶えるのに必要な事業、その事業を運営するのに必要な現場の行動を共有することである。現場にも遠い未来を見つめる視点ができ、腹落ちしよう。

<図表 4-21>企業経営の PDCA サイクル

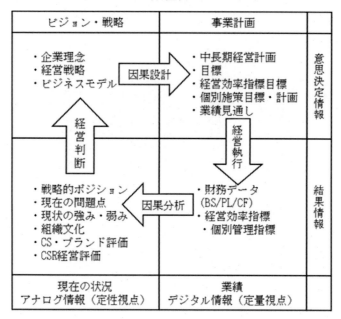

④OODA ループ登場の意味

　OODA ループは、J. ボイド大佐(当時)が理論化した。朝鮮戦争(1950年)の航空戦で、米軍は F86 戦闘機、対するソ連軍と中国軍は MiG15 戦闘機を主力とした。F86 と MiG15 の性能比は、加速・上昇・旋回性能のいずれも MiG15 が優位であった。しかし、交戦では F86 の方が優れた戦果を示した。F86 の撃墜・被撃墜率(キル・レシオ)は、ほぼ 10 対 1 に達した。

　ボイド大佐は、朝鮮戦争の空中戦の経験から、決定的な勝因は、操縦士の意思決定速度の差にある、と結論づけた。F86 のコクピットは、

360 度の視界が確保されていた。しかも MiG15 より操縦が容易であった。F86 のパイロットは、敵機をより早く発見できたので、性能比よりも早く対応する行動ができた。ボイドは、この洞察をさらに敷衍して、戦闘機パイロットの意思決定過程の一般化を試みた。

　意思決定は、観察 (Observe)- 情勢判断 (Orient) - 意思決定 (Decide)- 行動 (Act) によって実現する。理論の名称は、これらの頭文字から OODA ループと命名された。

　OODA ループが、PDCA サイクルと異なることは、「計画」を出発点としていないことである。OODA ループでは、確かに、大枠のミッションは与えられている。そのミッションには、達成する為の手段は明示されていないし、上司からその方法論を指示されることもない。

　ミッションを遂行する者は、自らの自発性や創造性を駆使して、ミッション達成の為の手段を発見し、即座にそれを実行しなければならない。この点が、PDCA サイクルと決定的な相違点である。

<図表 4-22>OODA ループのモデル図

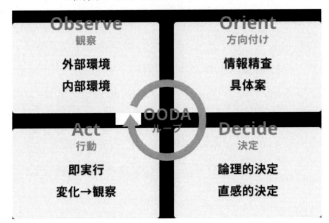

　今日、OODA ループが、PDCA サイクルよりも、なぜ取り上げられるの
か。現在の企業経営は、数多くの、しかも想定外の不確実性な出来事
に翻弄される。コロナウイルス問題が経営に与えるインパクトが、最
近の代表例である。不確実な状況の中で、先が読めないことを前提に
した経営に舵を切らざるを得無い。状況は刻一刻と変化する為、変化
のスピードに追い付き追い越す必要がある。PDCA サイクルでいう「計
画」通りに動くと、「不測の事態」が生じた場合に停滞してしまうこ
とがある。経営の判断や実行のスピードが重要な所以である。

　不測の事態で成果を上げるには、不透明な経営環境に耐性を高める
ことだ。そして、OODA ループの最後にあたる「行動」(Act)の結果は、
直ちに次の「観察」(Observe)の段階で評価し、次の意思決定に反映す
ることだ。

　OODA ループの中で特に重要なのは、「情勢判断(Orient)」である。
情勢判断では、分析思考やロジカルシンキングよりは、直感的判断で
「意思決定(Decide)」を下すことがある。行動特性として、現場を回
り、足で情報を稼ぎ、人脈を拡げつつ、多様なアイデアを収集する。
これらを材料にして、優れた直感的判断で意思決定を下す[1]。

　経営に関与する経営者も社員も、「計画」あるいは「計画書」を超え
て、活動できるだろうか。計画は、「未来に起きる可能性」を記述して
いる。それが変わったという認識ならば、瞬時に変えることだ。経営
に関わる全員が、直ぐに変えられるものと変えられないものがあるこ
とを承知の上で、未来に向かって変わっていけばよい。

1)原田勉『OODA Management』2020 年 8 月、東洋経済新報社

(3)小売業の変化

　会社の計画は、未来を予測したものだろうか。過去に何をしたのか、その実績値をベースにした経験則でできていないだろうか。

　各種の論考に書かれている通り、小売業に大きな変化が起きている。例えば、D．Bell が提唱したフレームワーク（下図）では、小売業は「商品情報の伝達と取得」や「商品の取得方法」を巡って大きく変わってきている。なぜならば、消費者は、通販を含めて購買する箇所を自由に選択しており、オムニチャネル化していっているからである。小売業と消費者の相互作用で地響きが起きている。米国では、コロナ禍を乗り越えて、以前より実店舗で代金決済始めとする自動化や、ショーウインドー化やネット化に対応しようとしていっている。

<図表 4-23>D．Bell が提案したフレームワーク

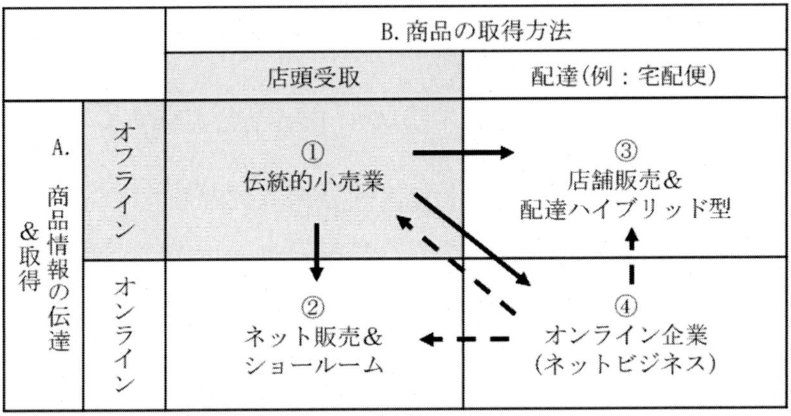

		B.商品の取得方法	
		店頭受取	配達(例：宅配便)
A. 商品情報の伝達&取得	オフライン	① 伝統的小売業	③ 店舗販売& 配達ハイブリッド型
	オンライン	② ネット販売& ショールーム	④ オンライン企業 (ネットビジネス)

出所『世界最先端のマーケティング』奥谷・岩井共著　日経ＢＰ社　2018 年 2 月一部修正

(4) 3つの C を知る

　販売 PDCA 若しくは OODA ループを運用するには、情報の収集と分析は欠かせない。広範囲かつ詳細な調査をして、項目間の相関性や因果関係を明らかにしておくことである。卸売業が、得意先（小売業）に提案し、成果を上げていくには、「3C」を知ることである。

・得意先(Customer)

・自社(Company)

・競合(Competitor)

①得意先（小売業）を知る

A. 経営情報として、業績（売上・利益）推移、資本関係、系列グループ、理念、方針、政策、施策、経営課題、出店・閉店計画、来店客数、客単価、買上点数等

B. 部門情報として、部門別売上・利益推移、部門方針、施策、組織構造、物流拠点、物流運営会社、物流センターの形態（通過型 TC、在庫型 DC）、部門課題、キーマン等

C. 店舗情報として、店舗政策、店舗立地、商圏特性、店舗業態、来店客特性、店舗課題等がある。

　来店客特性に影響することには、次の項目がある。

　C1. 店舗の住所（→来店客にとっての距離と来店方法）

　C2. 販促計画や催事の有無、C3. 消費者の購買曜日特性（平日と土日）

　C4. 店舗の駐車位置と台数、C5. 季節要因（春夏秋冬）

　C6. 天候要因：晴・曇・雨・雪、温度・湿度・風速、

　　　荒天(台風・集中豪雨・雪害等)等

D. 競合小売業として、得意先がマークしている小売業とその店舗

E.顧客はパーソナル化している。実店舗であることは、オンライン販売専業者に対して、「顧客情報」を掴むことで、優位性を手にする可能性がある。小売業は、店舗販売とともにオンライン販売等を拡大することで、顧客情報（購買履歴、閲覧履歴、趣味嗜好等）を手に入れられる。つまり、顧客により良いサービスの提供として、自宅配送のみならず、店舗での受け渡しという選択肢を提供できる。

　この点を活かすならば、店舗やネットの在庫一元管理が必須になる。

②自社（卸売業）を知る

　自社のホームページ、有価証券報告書や企業史を読み込む。

　下記の項目を取引先(小売業)との契約書で確認することである。

・売上割戻は、一定期間に多額又は多量の取引をした得意先に対して、売上高を基準にして割戻することを言う。

・納品手数料（センターフィー）とは、小売業が卸売業に請求する物流センターの使用料である。

・EDI (Electronic Data Interchange)とは、商取引に関する情報を標準的な書式に統一して、企業間で電子的に交換する仕組みである。EOS (Electronic Ordering Systems)は、企業間のオンライン受発注システムのことであるが、今日ではEDIに含まれている。

③競合卸売業を知る

　担当企業の本部及び店舗フォロー体制（担当者と人数）、

　帳合メーカー数と取引額（カテゴリー別取引額）、

　売上割戻や納品手数料等の契約率、

　幹部訪問頻度や取組会議開催頻度等

　以上を意識的に調査しておくことである。

(5)小売店の商圏分析

　小売業が置かれている状況を商圏分析やプロモーションを中心に見る。定番売上や特売企画売上の要因を、店舗の商圏で調べると、データ化する前提がわかる。また、在庫に関る経験や勘といった事項を数値化してみる。店舗の立地、来店客、競合店等と様々な影響因子を知ることができる。DX[1]化するしないに関わらず、店舗に関する事項をデータ化や定量化することをしてきているはずである。人手で作業することなく、コンピュータで視点を変えて繰り返し検討できる。

<図表4-24>店舗から見た製・配・販

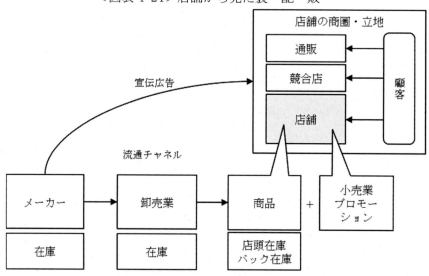

注1) DX : Digital Transformation の直訳は「デジタル変換」である。デジタルソリューションによる変革を意味する。コンピュータ誕生以来言い方を変えて言われ続けている。経済産業省の DX の定義は、「企業がビジネス環境の激しい変化に対応し、データとデジタル技術を活用して、顧客や社会のニーズを基に、製品やサービス、ビジネスモデルを変革するとともに、業務そのものや、組織、プロセス、企業文化・風土を変革し、競争上の優位性を確立すること」である。

①商圏内の市場規模や競合店を想定する

A. 日用品の市場規模の例

項目	1次商圏 世帯数：9,370		2次商圏 世帯数：64,444		3次商圏 世帯数：121,364	
	実数（円）	構成比(%)	実数（円）	構成比(%)	実数（円）	構成比(%)
洗濯用洗剤	23,312,169	4.6%	163,074,674	4.6%	318,260,051	4.6%
台所・住居用洗剤	20,680,753	4.0%	144,398,862	4.1%	280,738,439	4.1%
殺虫・防虫剤	16,256,969	3.2%	113,153,602	3.2%	218,560,560	3.2%
紙おむつ	26,788,119	5.2%	189,216,052	5.3%	376,582,878	5.5%
ポリ袋・ラップ	16,449,063	3.2%	114,801,975	3.2%	222,996,052	3.2%
歯ブラシ	11,017,768	2.2%	76,971,795	2.2%	149,818,399	2.2%
浴用・洗顔石けん	43,793,318	8.6%	305,492,887	8.6%	592,795,557	8.6%
シャンプー	19,878,152	3.9%	138,683,510	3.9%	269,180,436	3.9%
ヘアリンス・ヘアトリートメント	15,160,479	3.0%	105,775,233	3.0%	205,328,211	3.0%
歯磨き	14,355,748	2.8%	100,014,446	2.8%	193,559,396	2.8%
整髪・養毛剤	18,154,400	3.5%	126,024,946	3.5%	242,073,837	3.5%
化粧クリーム	51,496,831	10.1%	356,931,703	10.0%	683,387,685	9.9%
化粧水	58,111,934	11.4%	403,437,179	11.3%	775,073,225	11.3%
乳液	20,921,337	4.1%	144,905,643	4.1%	277,022,836	4.0%
ファンデーション	36,127,254	7.1%	250,576,579	7.0%	480,458,948	7.0%
口紅	9,968,987	1.9%	69,275,438	1.9%	133,358,595	1.9%
ペットフード	38,821,634	7.6%	270,494,984	7.6%	523,614,164	7.6%
感冒薬	12,383,785	2.4%	86,247,429	2.4%	166,800,894	2.4%
胃腸薬	6,765,980	1.3%	46,939,891	1.3%	90,049,319	1.3%
栄養剤	51,186,002	10.0%	354,231,431	9.9%	676,014,038	9.8%
合計	511,630,682	100.0%	3,560,648,259	100.0%	6,875,673,520	100.0%

B. 競合店のイメージ例

下図では、競合店が1次商圏に2社、2次商圏に1社存在する。

②商圏地図

店舗の立地概略地図を作る。下図の円形は、店舗を中心にした1次商圏(1km、20,230人)、2次商圏(3km、143,502人)、3次商圏(5km、285,250人)を表している。

＜図表4-25＞店舗の立地と商圏地図

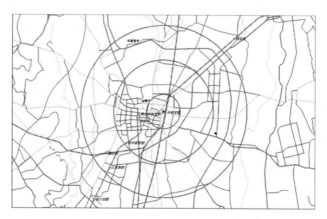

③商圏データ一覧

商圏データには、次のような事項がある。商圏内の分析により住んでいる住民や店舗の利用者の特性を把握する。

A.商圏内人口、女性人口、住宅、世帯数、就業者、地域特性、

B.年齢別人口構成比、課税対象所得、世帯別人口構成比、住宅の立て方、

C.人口ピラミッド等

通常、売上伸長＝顧客獲得と考えるが、自社店舗の特質にあった顧客アプローチをして収益率改善もある。

A. 商圏内人口、女性人口、住宅、世帯数、就業者、地域特性

商圏内人口	1次商圏		2次商圏		3次商圏		比較基準1 栃木県		比較基準2 全国	
	実数(人)	比率	実数(人)	比率	実数(人)	比率	実数(人)	比率	実数(人)	比率
人口	20,230	—	143,502	—	285,250	—	2,016,631	—	127,767,994	—
0～9歳	1,563	7.7%	12,993	9.1%	27,661	9.7%	186,414	9.2%	11,506,582	9.0%
10～19歳	1,503	7.4%	12,782	8.9%	26,590	9.3%	205,927	10.2%	12,583,032	9.8%
20～29歳	2,409	11.9%	19,423	13.5%	38,108	13.4%	239,966	11.9%	15,630,647	12.2%
30～39歳	3,108	15.4%	23,831	16.6%	48,046	16.8%	284,487	14.1%	18,490,638	14.5%
40～49歳	2,848	14.1%	19,387	13.5%	37,715	13.2%	257,939	12.8%	15,806,457	12.4%
50～59歳	2,919	14.4%	19,306	13.5%	39,446	13.8%	319,714	15.9%	19,051,663	14.9%
60～69歳	2,096	10.4%	15,163	10.6%	30,920	10.8%	235,564	11.7%	15,977,239	12.5%
70歳以上	3,240	16.0%	18,744	13.1%	34,109	12.0%	282,643	14.0%	18,239,395	14.3%
女性人口	実数(人)	比率	実数(人)	比率	実数(人)	比率	実数(人)	比率	実数(人)	比率
人口	9,950	—	70,498	—	140,901	—	1,012,943	—	65,228,408	—
0～9歳	774	3.8%	6,353	4.4%	13,484	4.7%	90,902	4.5%	5,615,571	4.4%
10～19歳	765	3.8%	6,214	4.3%	12,992	4.6%	100,401	5.0%	6,128,924	4.8%
20～29歳	1,204	6.0%	8,965	6.2%	17,585	6.2%	114,941	5.7%	7,677,274	6.0%
30～39歳	1,493	7.4%	11,250	7.8%	22,817	8.0%	136,612	6.8%	9,154,586	7.2%
40～49歳	1,267	6.3%	9,107	6.3%	18,029	6.3%	125,500	6.2%	7,873,487	6.2%
50～59歳	1,276	6.3%	9,310	6.5%	19,474	6.8%	155,789	7.7%	9,591,054	7.5%
60～69歳	1,113	5.5%	7,947	5.5%	16,007	5.6%	118,899	5.9%	8,277,704	6.5%
70歳以上	2,058	10.2%	11,352	7.9%	20,513	7.2%	169,899	8.4%	10,909,802	8.5%
住宅	実数(世帯)	比率	実数(世帯)	比率	実数(世帯)	比率	実数(世帯)	比率	実数(世帯)	比率
一戸建世帯	3,437	36.7%	28,595	44.4%	61,263	50.5%	507,514	71.5%	27,202,564	54.9%
長屋建世帯	54	0.6%	732	1.1%	1,348	1.1%	11,532	1.6%	1,517,436	3.1%
共同住宅世帯	5,267	56.2%	32,424	50.3%	54,000	44.5%	165,518	23.3%	18,839,781	38.0%

	1次商圏		2次商圏		3次商圏		比較基準1 栃木県		比較基準2 全国	
世帯数	実数(世帯)	比率	実数(世帯)	比率	実数(世帯)	比率	実数(世帯)	比率	実数(世帯)	比率
世帯数	9,370	—	64,444	—	121,364	—	709,346	—	49,566,305	—
1人世帯	3,913	41.8%	25,719	39.9%	43,580	35.9%	172,082	24.3%	14,457,083	29.2%
2人世帯	2,163	23.1%	14,913	23.1%	29,026	23.9%	172,908	24.4%	13,023,662	26.3%
3人世帯	1,327	14.2%	10,399	16.1%	21,316	17.6%	141,072	19.9%	9,196,084	18.6%
4人世帯	997	10.6%	7,878	12.2%	16,847	13.9%	121,931	17.2%	7,707,216	15.5%
5人以上世帯	529	5.6%	3,898	6.0%	8,311	6.8%	97,213	13.7%	4,678,485	9.4%
持ち家世帯	4,229	45.1%	29,429	45.7%	59,090	48.7%	477,322	67.3%	29,927,443	60.4%
核家族世帯	4,094	43.7%	31,005	48.1%	63,319	52.2%	398,886	56.2%	28,393,707	57.3%
6歳未満のいる世帯	787	8.4%	6,271	9.7%	13,354	11.0%	84,683	11.9%	5,171,707	10.4%
65歳以上のいる世帯	2,718	29.0%	17,486	27.1%	32,528	26.8%	261,501	36.9%	17,204,473	34.7%
就業者	実数(人)	比率	実数(人)	比率	実数(人)	比率	実数(人)	比率	実数(人)	比率
有職女性率	—	38.6%	—	39.2%	—	39.3%	—	41.1%	—	41.9%
人口(総人口対比)	9,451	46.7%	67,198	46.8%	134,833	47.3%	1,017,300	50.4%	61,505,973	48.1%
女性(総人口対比)	3,650	18.0%	26,319	18.3%	52,968	18.6%	418,452	20.8%	25,770,673	20.2%
1次産業	24	0.3%	364	0.5%	1,413	1.0%	69,303	6.8%	2,965,791	4.8%
2次産業	2,158	22.8%	15,647	23.3%	32,446	24.1%	331,793	32.6%	16,065,188	26.1%
3次産業	7,069	74.8%	49,815	74.1%	98,153	72.8%	605,453	59.5%	41,328,993	67.2%

地域特性	都道府県/市区町村						全国	
	課税対象所得	3,460,239	(一人当たり)				3,143,219	(一人当たり)	3,410,441	(一人当たり)
	住宅地平均価格	71800	(1㎡当たり)				43,500	(1㎡当たり)	58,040	(1㎡当たり)
	昼間人口の割合	115.8%	—				98.8%	—	99.2%	—
	15歳未満の割合	14.4%	—				14.1%	—	13.7%	—

B. 年齢別人口構成比、課税対象所得、世帯別人口構成比、住宅の建て方

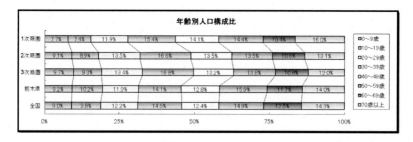

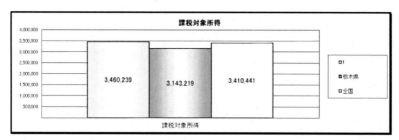

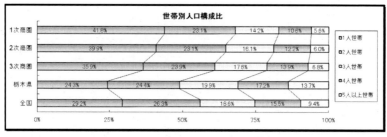

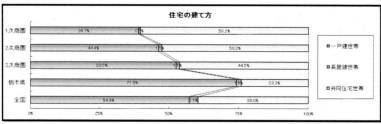

C. 人口ピラミッド

1次商圏、19,686 人の年齢別男女比は、次のようになっている。

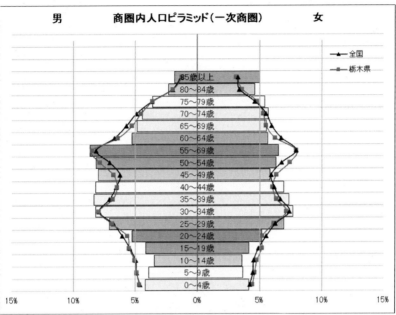

	男					女					合計		
			栃木県	全国				栃木県	全国			栃木県	全国
	実数(人)	比率	比率	比率		実数(人)	比率	比率	比率	実数(人)	比率	比率	比率
85歳以上	176	1.8%	1.2%	1.3%	85歳以上	495	5.0%	3.1%	3.2%	671	3.4%	2.2%	2.3%
80〜84歳	224	2.3%	1.9%	2.0%	80〜84歳	459	4.6%	3.6%	3.4%	683	3.5%	2.8%	2.7%
75〜79歳	349	3.6%	3.6%	3.6%	75〜79歳	539	5.4%	4.8%	4.6%	889	4.5%	4.2%	4.1%
70〜74歳	431	4.4%	4.5%	4.9%	70〜74歳	565	5.7%	5.3%	5.5%	997	5.1%	4.9%	5.2%
65〜69歳	472	4.8%	5.3%	5.7%	65〜69歳	552	5.5%	5.5%	6.0%	1,024	5.2%	5.4%	5.8%
60〜64歳	512	5.3%	6.4%	6.7%	60〜64歳	561	5.6%	6.2%	6.7%	1,072	5.4%	6.3%	6.7%
55〜59歳	845	8.7%	8.5%	8.2%	55〜59歳	648	6.5%	8.0%	7.9%	1,494	7.6%	8.2%	8.1%
50〜54歳	797	8.2%	7.9%	7.1%	50〜54歳	628	6.3%	7.4%	6.8%	1,425	7.2%	7.7%	6.9%
45〜49歳	779	8.0%	6.8%	6.2%	45〜49歳	578	5.8%	6.4%	5.9%	1,357	6.9%	6.6%	6.1%
40〜44歳	801	8.2%	6.5%	6.6%	40〜44歳	689	6.9%	6.0%	6.2%	1,491	7.6%	6.3%	6.3%
35〜39歳	815	8.4%	6.8%	7.1%	35〜39歳	730	7.3%	6.3%	6.6%	1,545	7.8%	6.6%	6.9%
30〜34歳	800	8.2%	8.0%	7.9%	30〜34歳	763	7.7%	7.1%	7.4%	1,563	7.9%	7.6%	7.7%
25〜29歳	691	7.1%	6.9%	6.8%	25〜29歳	691	6.9%	6.1%	6.3%	1,382	7.0%	6.5%	6.5%
20〜24歳	514	5.3%	5.6%	6.1%	20〜24歳	513	5.2%	5.2%	5.5%	1,027	5.2%	5.4%	5.8%
15〜19歳	403	4.1%	5.5%	5.4%	15〜19歳	409	4.1%	5.2%	4.9%	811	4.1%	5.3%	5.2%
10〜14歳	336	3.5%	5.1%	5.0%	10〜14歳	356	3.6%	4.8%	4.5%	692	3.5%	4.9%	4.7%
5〜9歳	382	3.9%	4.9%	4.9%	5〜9歳	363	3.6%	4.6%	4.4%	744	3.8%	4.7%	4.7%
0〜4歳	408	4.2%	4.7%	4.6%	0〜4歳	411	4.1%	4.4%	4.2%	819	4.2%	4.5%	4.4%
合計	9,735	100.0%	100.0%	100.0%	合計	9,950	100.0%	100.0%	100.0%	19,686	100.0%	100.0%	100.0%

④商圏特性に基づく店舗プロット

　商圏データだけでは、相互の関係を直感的に理解することは難しい。例として、1次商圏に居住する住民の特性を、「世帯人数」（横軸）と「年齢」（縦軸）で分けて、「ファミリー」「夫婦世帯」「単身世帯」「シルバー」の4つに分類した。分析対象とする店舗は、1次商圏にあり、下図の丸印の位置にある。単身世帯の多い商圏である。

　購入する商品の品揃えを検討する時、世帯では単身世代を、年齢層は40代を中心にする。又、客単価や配達の難易を考えてみることだ。

＜図表 4-26＞1次商圏と店舗プロット

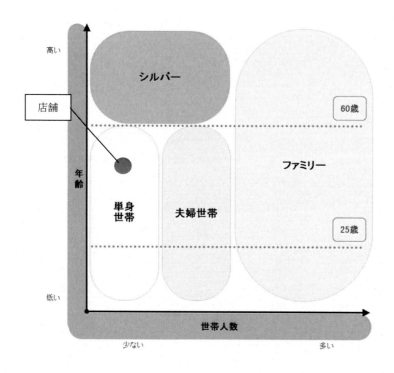

(6)小売業のプロモーション

　小売業のプロモーションには、経験的に積み上げてきた体系がある。それは、3P戦略で次の通りである。

・PULL戦略（来店促進策）：広告、パブリックリレーションズ、
　　　　　　　　　　　　　　　　　　パブリシティ、口コミ、ポスティング
・PUSH戦略（販売促進策）：人的販売活動（推奨販売、実演販売等）
　　　　　　　　　　　　　　　非人的販売活動（プレミアム等）
・PUT戦略（購買促進策）：フロアマネジメント
　　　　　　　　　　　　　　シェルフマネジメント
　　　　　　　　　　　　　　ビジョアルマネジメント

　小売業の売上高を増やすには、「来店客数を増やす」「客購買単価（客単価）を上げる」がある。「来店客数」は、広告手法であるチラシ広告等によって立地の購買可能客数の来店頻度を増やす。来店客数の測定には、人手による調査がある。又、カメラで撮影したデータから来店者数の測定や来店客の購買行動を分析することができる。プライバシーの配慮はすることである。

　「客購買単価」は、店内広告であるPOP広告によって客購買単価を上げること等が考えられる。POP広告は、セルフサービス店では、販売員の役割を果たしていると言える。

　売上高を計算式に表すと、次のようになる。

売上高＝客数×客単価

┌──┆──▶客数＝来店客数×来店頻度
│　　┆　　　来店促進策（PULL戦略）：チラシ広告等
└┈┈▶客単価＝商品単価×買上点数
　　　　　　　来店促進策（PULL戦略）：店内広告等
　　　　　　　販売促進策（PUSH戦略）、購買促進策（PUT戦略）

<図表4-27>特売企画に関連した小売業のプロモーション体系

3P 戦略	小売業プロモーションの例	
PULL 戦略 （来店促進策） Attractive Promotion	広告	マスメディア広告、交通広告、 屋外広告、インターネット広告、 ダイレクトメール広告、 チラシ広告、 店内広告（POP 広告）
	パブリックリレーションズ、 パブリシティ	公共的広告
	口コミ	コミュニケーション活動
	ポスティング	戸別配布
PUSH 戦略 （販売促進策） Instore Promotion	人的販売活動	推奨販売 デモンストレーション販売 カウンセリング販売 実演販売 顧客サービス （食事メニュー提案、 大型商品の無料販売） 催事イベント （季節イベント、キャンペーン、 社会的・国民的イベント、 ローカルイベント、 展示会、見本市、コンテスト等）
	非人的販売活動	プレミアム （スタンプ、ポイント、ノベルティ、景品、インストアクーポン） フリークエント・ショッパーズ・プログラム（略称 FSP, 累進的特典の提供） 値引・値下 特売 （季節のバーゲンセール、 月間奉仕品、日替りサービス等) サンプル提供

PUT 戦略 （購買促進策） Instore Merchandising	フロアマネジメント	フロアゾーニング 　（ピクトグラムの活用、 　顧客動線の検討、 　パワーカテゴリーの配置） フロアレイアウト 　（ポスター類の活用、 　関連陳列、連続配置）
	シェルフマネジメント	ディスプレイ 　（ディスプレイパターンの選択、 POP 広告の活用） スケマティックプラノグラム 　（棚割り、フェイシング）
	ビジョアルマネジメント	ビジョアルマーチャンダイジング 色彩・装飾・照明による演出

出所『販売士養成講習会 3 級テキストⅡストアオペレーション/マーケティング/販売・経営管理』一部編集

(7)データのマネジメント

　大事なことは、「何の目的を達成しようとしているのか」を社長以下全社員が承知していることである。「目的を達成する為に分からなければならないことは何か」「どんなデータが必要になるのか」を探求することだ。データを活用するには、データの流れが一目瞭然になるように、因果関係を明らかにしておく。

①一つひとつの業務プロセスに関わること

　結果として発生する特売企画の在庫残処理を考えると、商談時に店舗毎の販売ポテンシャルが分かっているのだろうか。

A.店舗毎の確定数を発注してもらうことは本当に不可能か？

　店舗毎の確定発注であれば、先付け発注やリピート発注をなくすことが出来る。現状は、特売企画品は数量確定ではなく、売れきり御免

ではない。その為、本部も店舗も、卸売業やメーカーの在庫はいくらでもあることになっている。過剰在庫は作られていると言っても過言ではない。

　小売業→卸売業→メーカーへの返品が、一部のメーカーを除き、ほぼ自由である。数量確定（売り切り制）であると、小売業は、店舗毎の事情に応じた需要予測をシミュレーションする、あるいは本当に売りたい特売企画数を自ら決めることになる。

B. 商談時に納品数をどこまで確認するか？

　特売企画が他社にも流通する商品の時、小売業が大規模化して難しさはあるが、他社に売ってもらうことができる。特売企画が当該小売業に固有の時、卸売業は当該小売業に売り切るよう努力する。

②データのマネジメントに関わること

　目的に沿って明らかにすることは、店舗の立地や商圏の特性要因やプロモーションに関わるデータを、実績データと合わせてデータベース化する。そして、データを分析することである。デジタルトランスフォーメーション（DX）の志向があれば、販売担当の経験や汗に変わって、コンピュータの分析結果を使って試行錯誤できる。分析用のソフトは市販されている。人は、分析した結果を判断し意思決定できる。

　分析の対象となる内部と外部のデータ例を挙げる。

A. 内部データの例示

出荷先情報：店舗の位置、店舗の住所、商圏データ、来店客層、店舗と来店客の距離、来店方法等

商品情報：商品コード（ID）、商品名、価格、カテゴリー数・商品数等

新商品への対応：類似商品の特定要因（商品カテゴリー、商品価格、

成分情報、商品規格等）

カニバリゼーション：同一分類内の他の商品への販売影響

受注実績：商品受注数（店舗別・商品別・日別）

仕入先情報：仕入先、仕入先とのリードタイム、商品、所在地、

物流センター情報：物流センターの住所、納品形態(DC 型、TC 型等)

出荷実績：商品出荷数（店舗別・商品別・日別）

特売実績：特売企画情報（販促タイプ、価格弾力性）

在庫実績：商品在庫数（商品別・店舗別・日別）

チラシやイベント条件：商品別又はカテゴリー別値引率

消費者カードのポイント：ポイント倍率

処分販売：処分販売をした時の需要への影響

駐車場の位置と台数

データクレンジング：例外的な販売増の影響を除去する

B. 外部データの例示

カレンダー情報：曜日、土日祝日、月末

季節：春夏秋冬の季節指数

気象情報：天気（晴/曇/雨/雪）、気温・湿度・風速、悪天候（台風・集
中豪雨・雪害等）

経済指標等々

<図表 4-28＞データとその解析

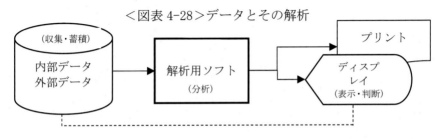

　内部データや外部データの影響度を確認検証していく。データの関係を調べる代表的な方法は、次のような例がある[1]。相関分析、回帰分析（単純回帰分析、重回帰分析）、ロジスティックス回帰分析、決定木分析等である。

　西村啓著『統計学が最強の学問である』[2]に、回帰分析をビジネスに使う為の視点で重要なのは、3 つの問いに答えることであるとしている。3 つの問に答えられた時、行動を起こすことで、利益を向上させるという見通しが立つ。

・利益は、何かの要因が変化すれば向上するのか。

・変化を起こす行動は、実際に可能なのか。

・変化を起こす行動が可能だとして、利益はコストを上回るか。

　データ駆動型経営あるいはデータ駆動型意思決定と言われて久しいが、データ駆動型は前向き連鎖(forward　chaining)に対応している。まずデータを見て、それが適用できる法則やルールを調べる方法である。これに対して、ゴール駆動型(backward chaining)は、仮説から出発し、それに合うデータがあるかどうかを調べる方法である。

　データ駆動型の利点は、新たなデータを得られると新たな推論が開始される為、ゴール駆動型に比べて、状況の変動に対応しやすいことである[3]。

　トップに立つ者が発する言葉は、組織を動かす。その責任は大きい。トップは丸投げをしないことである。

注 1)尾田『経営と数学の関わり』2020 年 4 月、三惠社
注 2)西村啓『統計学が最強の学問である－データ社会を生き抜くための武器と教養』2016 年 8 月、ダイヤモンド社
注 3)野口悠紀雄『週刊ダイヤモンド 2018/03/31』188 頁～189 頁

第5章　小売業の自動発注

5

1．小売業が発注を自動化する背景

(1) ドラッグストアの在庫状況と在庫削減効果

　ドラッグストア各社の売上高と棚卸資産の金額は、下表の通りである。いずれの企業も、棚卸金額が 500 億円を超えている。各社の在庫日数の長短は、各社の商品構成（薬、化粧品、日用品、食品等）が大きく影響するので、一概には言えない。取引慣行が違うが、商品の特性上、食品を主体にする小売業態から見れば、ドラッグストアの在庫日数は 35 日から 74 日とかなり長い。

<図表 5-1> ドラッグストアの売上高と在庫金額　(単位：億円)

企業名	売上高[1]	売上原価	棚卸金額	在庫日数[2]
ウエルシア HD㈱	8,683	6,008	893	54 日
㈱ツルハ HD	8,410	5,968	1,082	66 日
㈱コスモス薬品	6,844	5,494	533	35 日
㈱サンドラッグ	6,178	4,632	688	54 日
㈱マツモトキヨシ HD	5,906	4,012	812	74 日

注 1) 各企業とも 2019 年度有価証券報告書による。億円未満は四捨五入。
注 2) 在庫日数＝棚卸金額÷（売上原価÷365 日）より算出。

　ドラッグストアは在庫を削減できれば、キャッシュフローが大幅に改善する。上表で売上トップに位置するウエルシアの棚卸金額は 893 億円である。在庫が 10%削減できれば、89.3 億円を手にできる。ドラッグストアとしては、手にできる資金を元手に新規出店に振り向けて出店拡大戦略の財源になる。

(2) 店頭欠品の現状と欠品削減効果

　ドラッグストアの店頭欠品状況をある企業の協力を得て実査した。

　調査店舗の対象アイテムは 15,316SKU であった。但し、エンド商品と制度化粧品を対象外とした。欠品調査は、開店前に 7 日間連続で行った。調査結果、欠品発生アイテム数は 701SKU、7 日間延 1,654SKU であった。1 日当り平均欠品アイテム数は 236 SKU であり、店頭欠品率は 1.54% であった。結構高い欠品率であった。

<図表 5-2> ドラッグストアの店頭欠品状況

①調査対象店舗のアイテム数(SKU)	15,316SKU
②欠品発生アイテム数(SKU)	701SKU
③7 日間延欠品アイテム数(SKU)	1,654SKU/7 日
④1 日当り欠品アイテム数 （③÷7 日）	236SKU/日
⑤店頭欠品率 （④÷①）	1.54%

　欠品率 1.54%(236SKU/日)を 1%(153SKU/日)下げることができれば、欠品率は 0.54%(83SKU/日)になる。欠品がもたらす機会損失額は推定せざるを得ないので、機会損失額を売上高ベースで試算する。

　目標欠品率を 0.54% とし、現状との差分 1% を改善する試算である。

A. 欠品の削減 SKU 数：15,316SKU/店×1%＝153SKU/店

B. 1SKU・1 日当り平均売行き個数：推定 0.1 個/SKU・日

C. 平均売価：400 円/個、D. 店舗数：100 店

E. 年間欠品削減金額：153SKU/店×0.1 個/SKU・日×400 円/個×100 店×365 日/年＝223,380 千円/年

　推定の機会損失額は 345 百万円であるので、欠品が 223 百万円削減されると、機会損失額は 122 百万円になる。

(3) 店舗オペレーションの課題

前述の(1)と(2)から、ドラッグストアは、在庫削減と欠品削減の効果はあると言える。それらを阻害している要因を推定すると、店舗オペレーションの影響が大きい。多店舗展開していくチェーンストアは、店舗オペレーションが人による工程が多く、各店舗の対応になっていた。簡素化・統一化してコスト削減の仕組みを作ることにした。

現状の発注工程を見ると、次の点が問題として挙げられる。

・人手によって発注されている。

・発注数は担当者の経験値である。

・POS データや事前出荷データを活用する仕組みがない。

自動発注の構築は、これらの問題点を解決し、店舗オペレーションの簡素化・統一化や店舗運営コストの削減に寄与するはずである。

① 人手によって発注されている

2店の陳列アイテム数を調査すると、300 坪で 26,313 SKU、100 坪で 11,900 SKU であった。当然ではあるが、売場面積によって陳列アイテム数が異なる結果であった。

<図表 5-3>売場面積と陳列アイテム数

比較項目	A 薬局	B 薬局
売場面積	300 坪	100 坪
アイテム数(SKU)	26,313	11.900
1 坪当りのアイテム数	88 アイテム/坪	119 アイテム/坪

A 薬局の売行きを、通常の ABC 分析と異なり、A 管理品を「1日1本以上の売行き」、B 管理品を「1日1本未満1週間1本以上の売行き」、C 管理品以下を「1週間1本未満の販売アイテム」とする。

Ａ管理品は 1,995SKU(7%)、Ｂ管理品は 7,924SKU(31%)、Ｃ管理品は 14,130SKU(53%)、不動在庫は 2,264SKU(9%)になる（下図）。

<図表 5-4＞Ａ薬局の ABC 分析

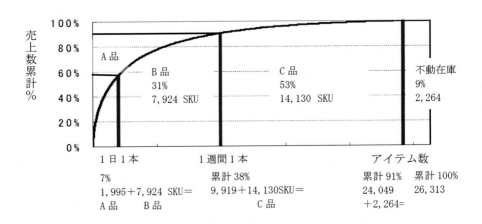

売場面積が 60 坪から 300 坪のドラッグストアの店舗数は多く、従業員数は 9 人から 11 人で運営されている（下表）。

<図表 5-5＞1 店舗当りの従業員数

売場面積	1 店舗当りの従業員数（単位：人）			
	正社員	薬剤師	パート	計
30 坪未満	2.5	2.1	1.6	6.2
30〜60 坪	2.1	1.5	2.1	5.7
60〜150 坪	3.2	1.7	4.1	9.0
150〜300 坪	3.9	1.5	5.5	10.9
300 坪以上	6.7	2.2	9.9	18.8

出所：1 店舗当りの従業員数はチェーンドラッグ協会の発表資料による

　ドラッグストア店舗の実査や公開資料によると、店舗作業の内訳は下表の表の通りである。実査の結果、レジ作業や陳列作業等に 4 割以上の時間をかけている。店内物流（荷受・検品・運搬（売り場補充））にも手を掛けいる。作業の出発である発注作業は、4%〜10%程度である。この表から、発注の自動化以外に、何をすれば、店舗作業を自動化や無人化できるかの要点が分かる。

<図表 5-6＞店舗作業実査の内訳

店舗作業の内訳	割合	物流主体の店舗作業順(割合)
レジ作業	21%	開店(閉店)、清掃(9%)
陳列作業	20%	荷受検品 2%
店舗商談、返品、その他事務	15%	陳列作業 20%
売場演出、POP 作成	10%	発注作業 4%
昼食休憩	10%	売場演出、POP 作成 10%
接客サービス	9%	接客サービス 9%
開店・閉店、清掃	9%	レジ作業 21%
発注作業	4%	店舗商談、返品、その他事務 15%
荷受検品	2%	昼食休憩 10%
計	100%	(開店)閉店、清掃(9%)

店舗作業	人件費構成比
1. 荷受・検品・運搬	35%
2. パッキング・値付け・補充陳列	30%
3. 発注事務	10%
4. 応対	10%
5. 売場事務	5%
6. その他（カウンター等）	10%
計	100%

出所『経営情報』98 年 3 月号 p. 44

　売場面積150坪、従業員10名の内5名が発注を担当、就業時間を8時間とする。5名の発注時間は、8時間/人・日×5人×4％＝1.6時間/日になる。ドラッグストアの多くは、店舗の売場を3分類以上にして、曜日別に週2回発注している（売場別曜日別発注）。

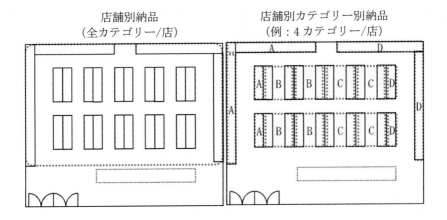

　上図は、店舗別納品と店舗別カテゴリー別納品とを模式化している。後者は、カテゴリー毎に補充作業範囲が集中化し、作業効率を上げられる。GMSの物流部門責任者は、店舗作業の生産性が30％向上したと報告している。（出所『2020AIM1997.9（VOL148）』69頁）

　売場面積150坪で、1日の発注対象アイテム数は、A管理品とB管理品で5千アイテムとする。1回当りの発注アイテム数は、売場別3分類では単純平均で、5千アイテム÷3分類＝1,667アイテム/分類になる。1アイテム毎に発注を検討時間は、1.6時間÷1,667アイテム＝3.5秒/アイテムになり、かなり短い時間である。

　一方、発注アイテム数を実測すると、1日平均404アイテムであった。これに対して、コンピュータで発注シミュレーションすると645アイテムが欠品の恐れから、発注が必要になると試算している。

　定番アイテムに対する発注ヒット率は、24%(404アイテム÷1,667アイテム/分類)とかなり低い。また、発注漏れの可能性が、241アイテム(645アイテム−404アイテム)あることになる。

②発注数は経験値である

　発注数量の決定方法を見ると、棚にある商品の残数を見ながら経験的に数量決定している。発注数が、実際の売行き数や地元の催事を考慮した数量になっているとは限らない。欠品や過剰在庫の原因になっていると考えられる。但し、EOS (Electronic Order System) が普及して、発注データの送信自体は、便利になった。

③POSデータを十分に活用する仕組みがない

　POS(Point of sale Systems)レジを導入して、チェーンストアは単品売行きデータを蓄積している。商品毎の単品数量管理や自動発注にPOSデータを活用することが考えられる。しかし、POSデータを発注に活用しているとは言い難い。

　「自動発注」は、発注作業者による経験差というバラつきをなくすことができる。発注にかかる作業人時数をゼロ化できるので、作業生産性が向上し、コスト削減の仕組み作りに寄与する。

　また、自動発注は発注作業をシステム化するので、店舗オペレーションを全店舗統一化するきっかけになる。

２．店舗の在庫分類

(1)販売可能在庫と販売不可在庫

　店舗在庫は、通常在庫と客注に分類できる。通常在庫は、店内作業に従う在庫と店間移動に分類できる。その為、通常在庫の増減は、店内作業の性質によって決まる。

　通常在庫は、販売の為の在庫で「販売可能在庫」と呼ぶ。通常在庫の中に、棚卸の時は資産（在庫）として数える必要があるが、発注の時は販売できないので、欠品として扱う在庫がある。この在庫を「販売不可在庫」と名付ける。例えば、店舗で破損している商品を在庫として数えて発注しなければ、店頭欠品が発生する。

<図表 5-7>店舗の在庫分類

店舗在庫の分類			店舗在庫		データ出所
			増	減	
通常在庫	店内作業に従う在庫	1.店舗納品	○		納品データ。 発注済み未着がある。
		2.販売		○	POS データ。
		3.客返品	○	○	POS データ。 販売不可在庫(中身不良品)と、 販売可能在庫(レジ返品)がある
		4.ロス		○	商品の汚破損、消費期限切れ、 盗難、いずれも販売不可在庫扱い
		5.取引先返品		○	販売不可在庫扱い
	店間移動	6.商品入庫	○		販売不可在庫扱い
		7.商品出庫		○	
客注（取り寄せ品）			○	○	購入者が決まっている商品。 発注済み未着がある。

(2) 単品商品と複数コード商品

単品商品(SKU)は、店舗で発注・販売・棚卸の全てにおいて、それ以上分解されない商品である(SKU は 14 頁参照)。

複数コード商品(下表)は、店舗で扱う商品の中で、納品時と販売時でJAN コード(14 頁)が異なる商品である。JAN コードで在庫管理を行うシステムにする為に、複数コード商品に対応するコード変換の仕組みがいる。複数コード商品には、複数本数販売商品、メーカー組合せ商品、キャンペーン商品、インストア組合せ商品、新旧商品がある。

複数本数販売商品は、1 種類の単品商品を複数個合わせて梱包し、別のコードを付番したものである。

<図表 5-8>複数コード商品の種類と構成要素 (棚卸対象)

複数コード商品の種類	構成要素	商品コード対応
複数本数販売商品	単品商品	1：1
メーカー組合せ商品	単品商品 複数本数販売商品	1：N
キャンペーン商品	単品商品、複数本数販売商品 メーカー組合せ商品	1：1
インストア組合せ商品	単品商品、複数本数販売商品 メーカー組合せ商品 キャンペーン商品	1：N
新旧商品(新商品)	(旧商品) 単品商品、複数本数販売商品 メーカーセット品 メーカー組合せ商品 キャンペーン商品 インストア組合せ商品 クーポン券	1：1

３．店舗からの自動発注の仕組み

(1) 自動発注の仕組み

　店舗の自動発注の仕組みは、2つに分類できる。

　一つ目は、「売れた数だけ発注する」方法である。代表は"One Sell One　Buy"方式である。「売れ数による自動発注」と略す。

　二つ目は、「ある決められた在庫数になるように発注する」方法である。「在庫数による自動発注」と略す。

①自動発注と人手による発注の類似性

　「売れ数による自動発注」は、人が売上集計表を参考にしながら発注作業を行うことに相当する。

　「在庫数による自動発注」は、人が店内で行っている定番やエンド在庫を確認しながら発注作業することに相当する。

②自動発注に必要なデータ

　「売れ数による自動発注」は、店舗の売上データ、つまり POS レジのデータのみでシステムが構築可能である。

　「在庫数による自動発注」は、店舗からの POS データとともに、店舗への納品データも必要である。かつ、納品データには、2つの条件が必要である。

　まず、納品数量の正確性である。即ち、欠品を反映し、実際に納品される検品済みの数量である。

　次に、納品データと商品の同時性である。つまり、商品の現物が納品されるのに対応してデータが同時に着くことである。代表的には、

事前出荷データ(ASN: Advanced Shipping Notice)である。

③イレギュラーの発生による影響

　「売れ数による自動発注」は、取引先で欠品が生じた場合、再発注を人手で行う必要がある。

　「在庫数による自動発注」は、イレギュラー対応を自動化できる。

④副次的な効果

　「売れ数による自動発注」は、発注以外の効果が期待できない。

　「在庫数による自動発注」は、店舗での単品在庫数量が把握できるので、そのデータを棚卸や店舗運営管理に利用することが可能である。

⑤「売れ数による自動発注」と「在庫数による自動発注」の評価

比較項目	売れ数による自動発注	在庫数による自動発注
自動発注に必要なデータ	・売上データだけなので実現しやすい。	・売上データと納品データが必要である。 ・インフラ面の前提条件として納品データはベンダー側で事前出荷データ等を作成することである。
イレギュラー対応	・イレギュラー対応は、人で対応する。	・イレギュラー対応が、自動化できる。
副次的な効果	・副次的な効果が少ない。	・副次的効果がある。棚卸で活用する等のメリットがある。

(2)在庫管理の方式

①在庫管理の発注補充方式

　在庫管理の発注補充方式は、発注タイミング（定期・不定期）と、発注量（定量・不定量）によって、4つに分類される。即ち、定期・定量発注法、不定期・定量発注法、定期・不定量発注法、不定期・不定量発注法である（第1章46頁参照）。

　発注量の決定は、予測型（Push型）と実需型（Pull型）の2つの方式に分けられる。予測型は、需要予測等の予測に基づく方法である。実需型は、基準在庫量を決めておき、基準在庫量と現在庫数の差分を定期的に発注（補充）する方式である(48頁参照)。

　小売業の店舗では、単品毎の販売数を予測することは難しい。その為、実需型の基準在庫方式が適していると考えている。

②欠品の抑制方法

　売場別曜日別発注（例：売場3分類×2回発注/週）は、店舗、取引先や物流センターの各々が作業効率を上げる為に行っている。
通常、店舗発注から店舗納品迄のリードタイムは固定している。

　欠品の発生を抑えるには、2つの方法がある。
1つ目は、発注間隔を短くして、毎日発注する方法である。
2つ目は、単品毎の安全在庫を増やし、在庫を多く持つという方法である。

　店舗の発注を、売場別曜日別発注にすると、発注頻度が毎日発注にならないので、欠品が発生する確率が高くなる。発注曜日を守り、かつ、在庫量を低くする為に安全在庫を抑えると、これもまた、欠品が

発生する確率が高くなる。

　この為、次善の策として、発注曜日に柔軟性を持たせる方法が考えられる。通常の発注点よりも低い在庫レベルに「緊急発注点」を設定する案である。在庫が緊急発注点を下回った時、通常の発注曜日以外でも自動発注できるようにすることである。

(3) 自動発注の対象

　自動発注の構築は、無人店舗構築のシステム基盤の一つになる。また、店舗で取り扱うすべての商品を自動発注で行えることが、理想である。しかし、自動発注を行えない商品が実際にはあるので、自動発注する商品の対象範囲を限定する。

①定番発注と特売発注

　店舗の発注には、定番在庫の発注と、特売発注の二通りがある。前者の定番在庫は、自動発注の対象である。後者の特売は、販売施策を関係先と検討することから、人手で発注数を決定しており、商品の初回導入やリピート発注等を考えると、自動発注の対象外としている。

　今後、特売を自動発注するには、商品や企画の目利き次第であり、店舗の販売能力に基づく。特売と雖も、店舗の在庫増減を考えると、売り切り制にして行くことである。店舗自動化の第一歩である。

②自動発注の対象になる商品

　自動発注の対象商品は、定番商品である。商品には JAN コードが貼付されている。事前出荷データ(店舗の入荷)と POS データ(店舗の出荷)が捕捉される商品である。従って、店舗納品を対象として、物流センターに入荷し、店舗毎に納品が確定している。

　取引先から店舗に直接納品される商品は、自動発注の対象にしない。なぜなら、店舗からも取引先からも、事前出荷データとともに商品の納品が報告されないからである。例として挙げられるのは次の通りである。

・日配品、アイスクリームや冷凍食品等
・メーカーから店舗に直送されるトイレットペーパー等の紙製品等
・JAN コードで区別できない商品等（スリッパ等は同一 JAN で複数の柄がある。）

　上記に例示した商品が、自動化対象商品と同一売場にあると、自動発注商品と非自動化商品が混在することになる。人が自動発注商品と非自動化商品を識別して、非自動化商品は発注機器を使って発注するので、発注作業が煩雑になる。実際には、非自動化商品は、売場が特定されており、同一売場に両者が混在することは滅多にない。

③自動発注におけるデータ交換の過程

　自動発注を行うに当り、店舗と関連部門及びベンダー（取引先）のデータ交換過程の概略を示す（下図）。

<図表 5-9>店舗と自動発注

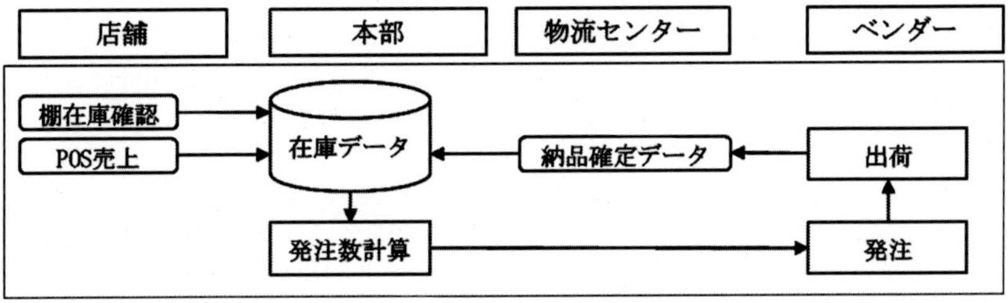

＜図表 5-10＞データ交換の過程

店舗	本部	物流センター	ベンダー
計算在庫データ	在庫データ更新 Ⓐ		
棚在庫数カウント	発注数計算		
在庫データ	自動発注データ		
POSデータ	発注		発注データ
	特売発注データ	発注データ	ピッキング
	検品仕分データ		事前出荷データ
Ⓐ 欠品データ	検品・仕分		出荷
納品データ	配送		
仕入計上	納品確定データ		売上計上

注．第5章は、2002年から2004年当時、ドラッグストア何社かに自動発注を提案し、店舗に導入したことを基にしている。自動発注の在庫理論は既に公にされており、各種の案があった。店舗作業は、会社によって若干の違いはあるが、限られた空間での細かな人的作業の積み重ねである。自動発注は、店舗発注と在庫や取引先との間を含めてシステム化を検討することになる。システム化は、現行の業務を改革することになる。従って、システム化は、目的により業務の基本事項しか対象としないというやり方もあるが、基本と例外を一体化して検討する。システム開発の大局と細部の狭間にあって、細部を丹念にやり上げていくことを楽しみにしている開発担当者と大変なことだと感じる者とがいる。肝心なことは、「神は細部に宿る」の言葉にあるように、細かな所にこそ本質が隠されていることがある。新技術の導入を図ることだ。

　人材の受け皿とも言われて久しい流通業だが、グローバルな視点から産業間の生産性格差が問われている。小売業の生産性は下位に属する。飛躍していくには、自動発注を含めて、店内作業の自動化が必須である。

第6章　サプライチェーン今後の在庫

6

1．会社内在庫削減

　会社が単独で在庫を削減する事例を取り上げてきた。それを発展させると、次のようなことも考えられる。

①会社単独や会社間共同で在庫拠点を集約する

　物流センターを集約して在庫を削減することである。物流センターを集約する条件は、3つある。

　一つ目は、顧客への輸配送時間が許される範囲で、在庫拠点（輸配送拠点を含む）を集約することである。

　顧客からの受注時刻＋庫内作業時間＜指定納品時間に間に合う配送出発時刻　又は、

　顧客からの受注時刻＋庫内作業時間＋配送時間＜指定納品時刻

　この条件が満たされるならば、1か所や数か所の物流センターから全国を対象に納品することもあり得る。

　二つ目は、日本の国土面積は37万km²である。平均面積0.8万km²の47都道府県に1か所ずつ物流センターを配置する必要があるだろうか。全在庫量に都道府県毎の経済力ウェイト、あるいは自社内の販売ウェイト等を掛け合わせた適正な在庫分布を検討する。さらに、顧客への輸配送時間に見合った配置から在庫拠点の位置と規模を検討できる。例えば、全国の物流拠点を20拠点にすると、1拠点の単純平均面積は1.85万km²である。一辺が136km四方になり、走行時速40kmで3.4時間かかる距離に相当する。

　三つ目は、在庫拠点を集約すれば、相対的に安全在庫数（$k\sigma\sqrt{t}$）を少なくできるので、出庫量のバラつき（σ）を緩和できる。

②在庫階層を減らす

　営業拠点には、営業と物流の役割がある。その役割を果たす上で、商物一体型と商物分離型の 2 通りがある。商物分離は、企業内で得意先への拠点が商流と物流が別であると考えることである。

　下図は、商物一体型から商物を分離し、在庫拠点を集約するモデルである。

<図表 6-1＞商物分離と在庫拠点の集約

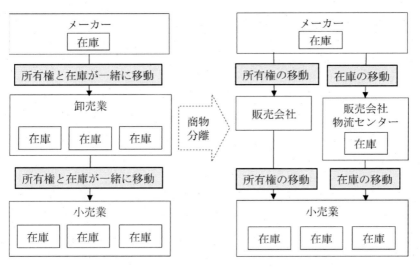

2．サプライチェーンの現状

(1)流通チャネルの構築

流通チャネルの構築には2つの方法がある。

一つ目は、現状の流通チャネルを前提にすることである。既存ルートが確立しているので、そのまま活用する案である。

二つ目は、最終ユーザーと接することが出来る流通チャネルを自ら構築することである。

流通チャネル構築の評価ポイントは、商品を販売する時、上記2案の内、どちらがより最終ユーザーと接することができるか、商品の評価を得ることができるかである。

次に、在庫を適正化できるかである。流通経路が短くなれば、必然的にトータルのリードタイムは短縮する。物流コストも輸配送費次第であるが、検討の余地はある。これらの視点で、流通チャネルを見直すことである。

識者によっては、流通チャネルの物流が果たす役割をサプライチェーンと呼称していることがある。サプライチェーンは、供給連鎖と訳されるように、原材料に始まり、製品を生産・販売し購買に至る流れ全体を指す。つまり、商品は、製品の生産者から消費者に流れる。

(2)サプライチェーンの特徴

サプライチェーン(SC)は、市場に商品を供給するために行われる業務のつながりをいう。多くの企業は、既存の流通チャネルに従っており、多段階である。

一部企業は、SPA 型や通信販売等で消費者と直結している。

<図表 6-2＞消費財のサプライチェーン（SC）

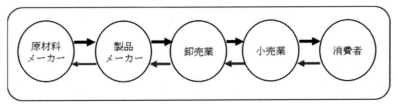

SC における企業間の関係は、受発注と納品という二つの機能によっ
て連結されている。発注情報は、小売→卸→メーカーへと流れる。発
注情報を基にして、納品は、メーカー →卸→小売へと流れる。

モノと情報が、流れていく時の関係は、店頭で商品が売れた（モノ
が動く）後に、その商品の補充あるいは発注をする（情報が動く）。そ
の意味で、モノに情報が紐づく物流になっている。

<図表 6-3＞モノに情報が紐づく物流

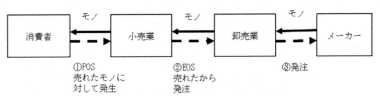

一方、通販に見られるように、受注情報があるからモノを動かすこ
とがある。情報にモノが紐づく物流もある。

(3)供給量と需要量の関係

①供給量と需要量のギャップ

　受発注情報と納品の 2 機能で企業間が連結されているとする。供給活動（供給量）と市場動向（実際の需要量）との間でギャップが生じるのはなぜか。日用品を見ると、メーカー、卸売業や小売業の在庫日数は、凡そ下図のようになっている。ドラッグチェーンは、メーカーや卸売業に対して在庫を 2〜3 倍抱えている。店内の定番で来店客に見せる在庫が必要だとは言え、ドラッグチェーンの在庫日数が、製・配・販の中で、一番高いことを表している。まず、そのカテゴリー毎の在庫日数の検討がある。次に、サプライチェーン(SC)全体の最適な在庫を目指さないと、各企業が部分最適の罠に嵌まる。

＜図表 6-4＞製・配・販の在庫日数

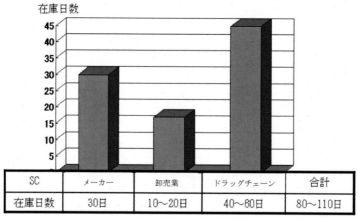

SC	メーカー	卸売業	ドラッグチェーン	合計
在庫日数	30日	10〜20日	40〜60日	80〜110日

注：ドラッグチェーン別在庫日数は、各社有価証券報告書により算出する(2009 年当時)。CFS1.3 ヶ月、クリエイト SD1.4 ヶ月、マツモトキヨシ 1.9 ヶ月、スギ薬局 2.0 ヶ月。

②供給量と需要量の関係

供給量＞需要量の時、在庫過剰になる。その結果、

・在庫に投下された資本が固定化する。

・保管スペースが増大する。

・返品が発生する。

・廃棄損が発生する。

供給量＜需要量の時、欠品になる。その結果、

・販売機会を失う分だけ、売上高は減少し、その分売上総利益額が減少する。

・欠品対応業務が発生する。

③供給量と需要量のギャップが、なぜ起きるか

　メーカーが代理店制度（又は特約店制度）という流通チャネルを形成した。メーカーは、卸売業（代理店又は特約店）に自社製品を小売業に販売することを託した。その結果は、次のようになった。

A．メーカーは、卸売業を介した小売業との商取引の為、卸売業の帳合先により配荷エリアが精粗になる。

B．物流が多段階になる。これは、在庫拠点が大小さまざまになり、分散化する。そして、在庫が偏在し勝ちになる。その為、在庫量の過不足が生じ、在庫日数が過多になったり、過少になったりする。

C．取引先間を除き、市場での商品別販売動向を知る仕組みがない。従って、卸売業がメーカーに発注する量が市場における販売動向を基にしたものにはなりにくい。1974 年に発生した石油ショックや 2020 年のコロナ禍で極端なモノ不足が起きた。前者はトイレットペーパーや洗剤等、後者はマスクが代表例である。

D.　メーカーからすると、小売店の商品別販売動向を十分に見られない。製品を大量に販売し、売れ残れば返品しても良いという風土をメーカーを始めとして流通業界に醸成した。

E.　このような土壌は、過剰在庫の基となる「ムチ打ち（ブルウィップ）効果」を作った（下図）。

<図表6-5>ムチ打ち（ブルウィップ）効果の概念図

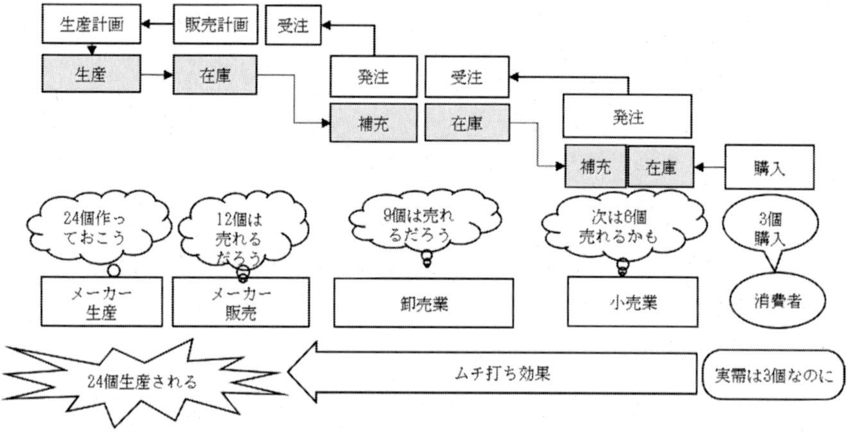

出所：久保幹雄『ロジスティクス工学』2001年6月、朝倉書店、"第3章鞭効果"、湯浅他『最新在庫管理基本と仕組みがよくわかる本』2006年12月、秀和システム、P. 191

④SC の変化

　SC を取り巻く環境が、マスプロダクションから一部にはマスカスタマイゼーションや、モノ売りからコト売りに変わりつつある。製・配・販と言った固定的な SC から、あらゆる相手と自由に取引できるサプライウェブへの変化の兆しがある。だからこそ、自社並びに顧客の在庫日数に敏感になって舵取りをすることである。

3．サプライチェーン・マネジメント

①サプライチェーン・マネジメント(SCM)の目的

　SCM の目的は、サプライチェーン全体の在庫適正化とローコスト化である。SCM は、サプライチェーン(SC)全体の市場動向（需要量）と供給活動(供給量) のムダを排除して、SC 上の在庫量の最適化を求める。SCM は、SC の流通と情報をマネジメントする点に意義がある。その上に SC に関わる会社の連携を図る。

　SCM において、情報の共有化が SC 全体の機能をリエンジニアリング[1]することになり、構造を変えることになる。

　SC では、"在庫の量"の管理が不可欠である。在庫の量の適正化を図るには、在庫の量を市場動向（需要量）に同期化することである。その為には、SC に係わる企業の情報の共有がベースになる。製・配・販間で、在庫機能の転嫁から、情報による SC 全体の共同関係へと変化していくことが求められる。

　各企業が共有すべき情報とは、何か。

・単品別出荷量情報：何がいくつ売れたという情報である。

・単品別在庫量情報：販売したものが在庫としていくつ残っているか。その在庫量で「あと何日分の出荷に対応できるか」という情報である。その基は、小売業の「POS 情報」と「店頭在庫量」である。

　定番売上は製・配・販ともに自動発注の経験がある。一方、特売売上は、人的要素に依存している。特売売上は、発注を確定数量で行える

注1）リエンジニアリング(reengineering)1990 年代、米国で企業経営の抜本的な立て直し策として生まれた考え方。業務の流れ(ビジネスプロセス)や組織構造を抜本的に再構築することに重点を置く。

ように取引慣行を改革し、システム化できるようにすることが課題である。

②日用品メーカーの工場から店舗までの商品とパレット等の流れ

　メーカーから小売業まで一貫パレチゼーションができていない。下図のように、A系列とB系列の2つの流れがある。

・A系列（A1〜A4）：平パレットのユニットロード

　パレットのサイズは数種類あり、業界によっても異なる。

・B系列（B1〜B3）：ロールボックスパレット（カゴ車）が多い。

　カゴ車の形状やサイズは、各社まちまちである。

　　　＜図表6-6＞工場から店舗までの商品とパレット等の流れ

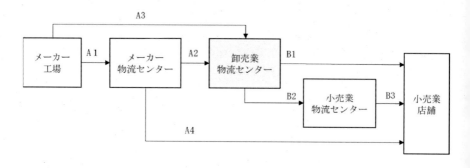

　単品は各社自由にデザインしても、ケースサイズは業界で何種類かに標準化することである。ケースの標準化は、パレットの標準化に繋がり、一貫パレチゼーションの基になる。

　商品マスター項目は、事前に入力し登録しなくても、商品の入荷時に読み取りで登録できるようにして、商品マスターレスにすることだ。

③サプライチェーン・モデル

　下図は、製・配・販の流通チャネルはそのままにして、小売業店舗での実需を製・配・販の基礎情報にしている。市場情報や在庫情報をデータベースとして、製・配・販が共有する試案である。

<図表 6-7>サプライチェーン・モデル図

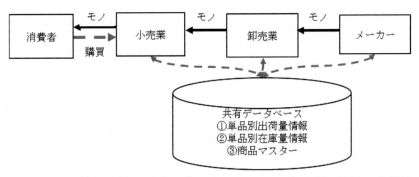

　SCM では、情報交換を現在のネットワークでできるが、情報の公開性と機密性を担保するならば、ブロックチェーン[1]（分散台帳）化することである。

注 1)ブロックチェーンについては多数本が出版されている。
『ブロックチェーンの衝撃〜ビットコイン、FinTech から IoT まで社会構造を覆す破壊的技術〜』ビットバンク㈱&「ブロックチェーンの衝撃」編集委員会、2016 年 7 月、日経 BP 社。
物流関連の月刊誌
『LOGI-BIZ 2018MAY』「ブロックチェーン・イン・ロジスティクス」36 頁〜41 頁
『LOGI-BIZ 2019JAN』「ブロックチェーン×ロジスティクス 」34 頁〜37 頁
『Material Flow 2019/2』「ブロックチェーン・AI・IoT の最新動向とそのビジネス活用戦略について」28 頁〜32 頁、「サプライチェーン・マネジメントにおけるビジネスブロックチェーンの活用 」34 頁〜38 頁等

4．SCM の担い手はだれか

　製・配・販いずれの会社も、独自の個性を発揮している。人口が漸減していく中で、仕事や設備の省力化や自動化は当たり前になる。店舗の自動化も例外ではない。通販はもっと進化しているであろう。SC に関わる在庫について考察してきた。SCM 全体に関わる情報システム(DX)と物流を設計することが求められる。卸売業を検討してみよう。

　卸売業存立の根拠として、マーガレット・ホールが指摘している「取引総数極小化の原理」や「不確実性プールの原理（集中貯蔵の原理）」が言われて久しい。日本の卸売業の存立根拠とされてきた。この根拠論は、卸売業の役割を理解する上で、取っ付き易く、わかりやすい。しかし、現在の製配販は、複雑に絡んでおり、取引過程を考えると、原理の諸前提に曖昧さがあり、検証の余地がある [1]。

　卸売業の経営実態から見ると、卸売業は、原材料メーカーから消費者に至るサプライチェーンの中で、際立った特徴がある。即ち、日本では、小売業が必要とする商品を、メーカーに代わって商品を「品揃え」し、その流通（商流と物流）を担っている。その意味において、卸売業の社会的な機能は有用であり、他の産業には替えがたい「統合的な緒機能」を提供している。それは、具体的には、商流、物流、情流、金流の４大機能である。

注 1）住谷宏『経営論集』75 号「卸売商存立根拠論の再検討」（2010 年 3 月）
　　　玉生弘昌『問屋無用論から半世紀　これが世界に誇る日本の流通インフラの実力だ』2013 年 6 月、国際商業出版

　商流は、仕入と販売の売買に伴うメーカーと小売業との商談機能、品揃え機能、売場提案機能、販促提案機能である。これらの機能があるから、消費者は、店舗であれ、通販であれ、商品を購買する機会がある。

　物流は、メーカーと小売業の間の受発注機能、在庫機能、出荷機能である。商品と消費者を結ぶサプライチェーンができる。

　情流は、メーカーから小売業に亘る情報収集・提案・伝達機能である。情報の基になるデータをシステム化してハンドリングできる。今日的には DX(Digital Transformation) と呼ばれたりする。

　金流は、メーカーと小売業の取引に伴う金融機能である。

　その他に、小売店頭サポート機能や、卸売業独自の商品開発機能がある。

　卸売業が、商品の商流と物流において果たしている「品揃えする商品」と「諸機能の統合的提供」は、卸売業の本質的機能と考えている。世界的にも産業的にも珍しい機能である。その点では、メーカーが独自の商品を生み出していく生産機能や、小売店の店舗販売機能とは異なっている。卸売業は、「品揃え」や「統合的諸機能」を経済的合理的に遂行しており、産業界の中でロー・コスト・オペレーションに寄与している。

　卸売業は、SCM の担い手として小売業の POS 情報及び在庫量情報を把握して、小売業からの発注を受けずに、卸売業の判断で必要在庫を送り込む構造ができる。卸売業は自ら SCM の担い手として構造改革に乗り出せる経営資源を持っていると言えよう。それをどのように活用するかに、事業存続の価値がある。卸売業はどんな点で SCM に適して

いるかと言えば、次の点である。

・卸売業は、厳密には取引のないメーカーが一部あるが、小売業の品揃えを概ね揃えることができる。アイテム数を比較すれば、次のようになろう。

　卸売業の在庫アイテム＞小売業の店舗アイテム

・小売業の本部に代行して、品揃え・売場作り・販売促進・店頭サポート等ができる。

　卸売業が、製・配・販で果たしている役割を考えると、SCM において主体的な構造になると考えられる。製・配・販は、前出の図表 6-7 や下図に従うならば、次のような機能を果たすようになるだろう。

<図表 6-8＞情報共有化後の SC のモデル図

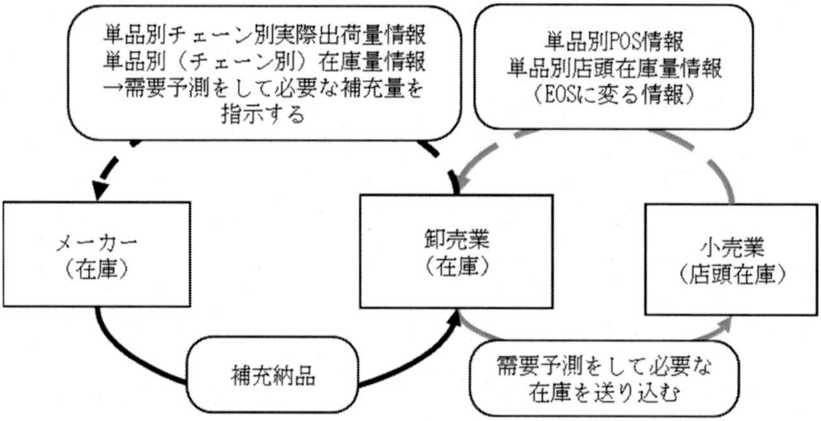

単品別チェーン別実際出荷量情報
単品別（チェーン別）在庫量情報
→需要予測をして必要な補充量を
指示する

単品別POS情報
単品別店頭在庫量情報
（EOSに変る情報）

メーカー
（在庫）

卸売業
（在庫）

小売業
（店頭在庫）

補充納品

需要予測をして必要な
在庫を送り込む

①製・配・販（メーカー⇔卸売業⇔小売業）の間では、情報を共有していることが前提である。

　小売業の単品の実需（単品別 POS 情報）こそが、SC の出発になる。実需には、定番も特売企画に伴う販売も含める。これに基づけば、幾ら販売されているから、幾ら補充するかになる。
従って、従来から言われている「発注補充」という活動をなくせる。
②「発注補充」がなくなれば、納期も受注単位も必要なくなる。

　自社（卸売業）の判断、即ち需要予測が要になるが、顧客（小売業）に必要な時に必要量を納入すれば良くなる。
③配送の単位も変る。

　在庫の多頻度・少量発注や物流サービス起因の多頻度小口配送を変えられる。配送車両を大幅に削減できるだろう。
④SCM を担う企業の物流センターの配置が大きく変る。

　物流のローコスト化が、個別企業単位から企業間単位で実現できる。

　以上の通り、卸売業は、製・配・販を一気通貫する SCM を構築する近い位置に確かにいる。だが、個別企業毎に見ると、情報システムの開発能力や物流等の投資能力については検討事項である。また、小売業から見ると、帳合はじめ、競合企業との関係に複雑な思いがあるだろう。

　情報システムや物流の開発、構築と運営を考えると、製・配・販の共同化事業化にすることや、第三者機関による事業化も考えられる。

第 6 章の参考図書

1. 湯浅他『図解入門ビジネス 最新 在庫管理の基本と仕組みがよくわかる本』2006 年 12 月、秀和システム

2. 宮下正房『卸売業復権への条件　卸危機の実像とリテールサポート戦略への挑戦』2010 年 9 月、商業界

3. 田村正紀『日本型流通システム』昭和 61 年 2 月、千倉書房

4. 西村順二『卸売流通動態論−中間流通における仕入と販売の取引連動性−』2009 年 5 月、千倉書房

5. 崔、石井『シリーズ流通体系(2)　流通チャネルの再編』2009 年 7 月、中央経済社

6. V. カストゥーリ・ランガン、小川監訳『流通チャネルの転換戦略 - チャネル・スチュワードシップの基本と導入』2013 年 3 月、ダイヤモンド社

7. 日経 BP 社『日経テクノロジー展望 2017　世界を変える 100 の技術』2016 年 10 月、日経 BP 社

8. R. ドッブス、J. マカーニ、J. ウーツェル、吉良訳『マッキンゼーが予測する未来−近未来のビジネスは、4 つの力に支配されている』2017 年 4 月、ダイヤモンド社

9. 山本康正『シリコンバレーの一流投資家が教える世界標準のテクノロジー教養』2021 年 2 月、幻冬舎

著者プロフィール

尾田 寛仁 （おだ ひろひと）

1948年山口県生まれ
1971年九州大学法学部卒業
1978年九州大学経済学部会計学研究生修了
1971年～1976年日本NCR㈱。プログラム作成、営業システムエンジニアを担当
1978年～2006年花王㈱
販売(18年間)：販売職、販売TCR担当部長、東北地区統括、兼東北花王販売㈱社長
物流(9年間)：ロジスティクス部門開発グループ部長。物流設備と物流システム開発部門を担当。物流自動化設備対策と在庫拠点の集約を図る。小売業の物流合理化の為に、花王システム物流㈱を1996年に設立。副社長、社長に就任
経営監査(1年半)：経営監査室長。内部統制を構築する
公認内部監査人(CIA)の資格を2006年に取得(IIA認定国際資格、認定番号59760)
金融庁企業会計審議会内部統制部会作業部会の委員(2005年9月～2006年9月)
2006年～2014年中央物産㈱
専務取締役。物流本部長、管理本部長及び営業本部長を順次担当
2015年物流システムマネジメント研究所を設立、現在に至る
2015年日本卸売学会理事に就任、現在に至る
2016年日本マテリアル・ハンドリング(MH)協会理事に就任、現在に至る

著書：
『製配販サプライチェーンにおける物流革新　企画・設計・開発のエンジニアリングと運営ノウハウ』三恵社2015年2月、『経営実務で考えたマネジメントとリーダーシップの基本』三恵社2015年4月、『物流エンジニアリングの温故知新』三恵社2015年12月、『卸売業の経営戦略課題』三恵社2016年6月、『仮想共配プロジェクト 卸売経営戦略と共配物流の事業化』三恵社2017年6月、『物流自動化設備入門』三恵社2017年12月、『卸売業の経営戦略展開』三恵社2018年6月、『商談技術入門』三恵社2019年2月、『物流エンジニアリング入門』三恵社2019年12月、『経営と数学の関わり』三恵社2020年4月

Eメール：hirohitooda@yahoo.co.jp
携帯電話：090-5396-2955

製配販の在庫と事例

2021年 4月26日　　初版発行

著　者　　尾田　寛仁

発行所　　株式会社　　三恵社
〒462-0056　愛知県名古屋市北区中丸町2-24-1
TEL 052(915)5211
FAX 052(915)5019
URL http://www.sankeisha.com

ISBN978-4-86693-458-7